HEYNE STILKUNDE

Klaus Wessel

BYZANZ

mit 135 Abbildungen
davon 21 in Farbe,
und 1 Karte

Wilhelm Heyne Verlag
München

Für Hannelore, Katrin, Daisy und Peter

Umschlag:
»Auferweckung des Lazarus«, 12. Jhdt, Tempera auf Holz. Athen, Privatsammlung

Abb. Seite 2:
»Johannes der Evangelist«, 1429, Miniatur (aus dem Evangeliar Vissarions). Leningrad, Öffentliche Bibliothek

Einige Namen werden in der Fachliteratur oft anders geschrieben als in der deutschen Umgangsschrift: Avaren = Awaren; Nikaia = Nizäa; Kaisareia = Cäsarea; Herakleios = Heraclius; makedonisch = mazedonisch; Thessalonike = Saloniki; Slaven = Slawen etc.

Gelegentlich steht auf einer Seite ein Sternchen (*); die Seitenzahl taucht im Anmerkungsteil als Stichzahl auf, unter der eine Erläuterung zum Text gegeben wird.

Bildnachweis: Walters Art Gallery, Baltimore; Fresken-Galerie, Belgrad; Staatliche Museen, Berlin (O); Staatliche Museen, Stiftung Preußischer Kulturbesitz, Berlin (W); Huber, Bern; Musées Royaux, Brüssel; Foto-Marburg; Publications filmées d'art et d'histoire, Montrouge; Hirmer-Verlag, München; Metropolitan Museum, New York; Bodleian Library, Oxford; Bibliothèque Nationale, Paris; Deutsches Archäologisches Institut, Rom; Württembergisches Landesmuseum, Stuttgart; Böhm, Venedig; Dumbarton Oaks Collection, Washington (D.C.); Österreichische Nationalbibliothek, Wien; Archiv des Autors und des Verlages
Umschlagfoto: Hirmer-Verlag, München
Umschlaggestaltung: Atelier Heinrichs, München
Printed in Germany 1979
Gesamtherstellung: Friedrich Pustet, Regensburg
ISBN 3-453-41323-7

INHALT

»Der Evangelist Markus«, frühes 10. Jhdt., Miniatur (aus einem Evangeliar). Athos, Kloster Stauronikita, Kod. 43

HEYNE STILKUNDE
18

Sebastian Szaktilla
Hofackerstraße 46
7800 Freiburg/Breisgau
Telefon 0761/81740

»Wir können die Schönheit nicht mehr vergessen, wie jeder Mensch, der etwas Süßes gekostet hat, nicht etwas Bitteres zu sich nehmen wollen wird« (Russische Nestorchronik 1113).

»Weil dort das Heim der Wissenschaften war, kann keiner der Lateiner genügend gebildet erscheinen, wenn er nicht für einige Zeit in Konstantinopel studiert hat« (Enea Silvio Piccolomini 1453, seit 1458 Papst Pius II.).

DAS BYZANTINISCHE REICH

Diese Worte eines russischen Chronisten und eines italienischen Humanisten, der später als Pius II. die Kathedra Petri bestieg, zeugen von der Faszination, die von der Kaiserstadt am Goldenen Horn ausging und von dem Reich, dessen Herz und Hirn zugleich diese einzige Großstadt des Mittelalters war*, die von den Bürgern des Reiches, das wir als das byzantinische zu bezeichnen pflegen*, »die Stadt« (Polis) schlechthin genannt wurde. Überragendes Zentrum der auf der Antike aufbauenden christlichen Kultur des Mittelalters, Bewahrerin des größten, wunderbarsten und wunderlichsten Reliquienschatzes, Stätte gelehrter Studien und Mittelpunkt von Wirtschaft und Handel, war Konstantinopel der Sitz eines Kaisertums, das sich in ununterbrochener Folge auf Augustus, den ersten römischen Kaiser, und Konstantin, den ersten christlichen Kaiser, zurückführen konnte. Konstantin hatte die damals schon rund tausendjährige Stadt Byzantion zu seiner Residenz- und Hauptstadt umbauen, in »Konstantinsstadt« umbenennen und zum »Neuen Rom« werden lassen, zum neuen Mittelpunkt des christlich gewordenen Römischen Reiches. Dieses Reich hatte damals seinen kulturellen wie wirtschaftlichen Schwerpunkt im Osten; auch die christliche Kirche war schon zu der Zeit, als Konstantin die Alleinherrschaft errang, im Osten stärker, fester durchorganisiert, theologisch reger – und streitbarer – als im Westen. Dieser Osten des Römischen Reiches hat dann auch die Stürme der Völkerwanderung, die die westliche Reichshälfte verschlangen, überlebt. Er hat, freilich unter schweren Verlusten, den Einbruch der Araber überstanden, abgewehrt und langsam zurückgedrängt. Er hat schließlich auch die Wellen der slavischen Einwanderung in seine europäischen Provinzen dank seiner kulturellen, politischen, wirtschaftlichen und religiösen Überlegenheit verkraften können und die Südslaven wie die Kiever Rus für seine Kultur und seine Kirche gewonnen. Überdies scheiterten an seiner Diplomatie, Bestechungskunst und, notfalls, auch militärischen Leistungsfähigkeit auch die vielen Wellen turk-mongoloider Reitervölker, die aus dem Inneren Asiens heranstürmten, von den Hunnen und Avaren bis zu den Petschenegen und Kumanen.

Das Byzantinische Reich blieb, was das Römische Reich seit langem gewesen war, ein Vielvölkerstaat, in dem freilich die dominierende Rolle des italischen Volkstums ausgespielt war. Obwohl es auch im modernen Sinne ein Staat mit durchorganisierter Beamtenschaft, zentral gelenktem Finanz- und Zollwesen, stehenden Heeren und allen anderen Attributen einer straff geordneten absoluten Monarchie bis zur staatlichen Wirtschaftslenkung gewesen ist, ein Staat, dessen Macht auch die Kirche unterworfen war, gab es kein Staatsvolk, keine Nation im heutigen Sinne. Das Band, das die Bürger dieses Reiches zusammenhielt, bildeten drei feste Stränge: die griechische Sprache, die in frühbyzantinischer Zeit allmählich das Latein auch als Amtssprache verdrängte, die christliche Religion in ihrer orthodoxen Form und die antike Kultur, als deren Erbe und Bewahrer man sich wußte. Hinzu kam die lange unerschütterte Überzeugung, daß dieses »Römische Reich« das vierte und letzte nach der alten Prophezeiung war*, das Bestand haben würde bis zur Wiederkunft Christi am Jüngsten Tage und unter dem besonderen Schutze Gottes, seines die Welt lenkenden Sohnes Christus, des Pantokrator (Allherrscher und Allerhalter), und der Gottesmutter Maria stünde. Der Kaiser galt als von Gott erwählt – in der rauhen Wirklichkeit freilich bedurfte er zu seiner Inthronisation der Wahl durch den Senat und das Volk, das in praxi mit der Bevölkerung Konstantinopels gleichgesetzt wurde* – und zum Stellvertreter Christi auf Erden eingesetzt, um in dessen Vollmacht den christlichen Erdkreis (die Oikumene) zu regieren und die Kirche zu schützen*.

Die Anziehungskraft, die dieses bis an die Grenze der Neuzeit fortlebende Stück griechisch-römischer Antike auf die neuen Völker ausübte, die in Ost- und Westeuropa ihre Staaten schufen, ist unermeßlich gewesen und äußerte sich in den verschiedensten Formen. Bulgaren und Serben haben versucht, Konstantinopel in ihre Gewalt zu bekommen und ihre Herrschaft an die Stelle der Kaiser zu setzen; als »Kaiser der Bulgaren und Römer« oder »der Serben und Römer« wollten ihre Herrscher das Reich in die Hände nehmen. Ähnliches erstrebten die Normannen von Robert Guiscard bis zu Wilhelm II. von Sizilien, die Staufer Heinrich VI. und sein Enkel Manfred und dessen Besieger und Machterbe Karl von Anjou. Um die Hand einer byzantinischen Prinzessin zu erringen, führte Vladimir der Heilige von Kiev einen Krieg gegen Kaiser Basileios II., schon vor ihm hatte Otto der Große geglaubt, sein Kaisertum durch die Heirat seines Sohnes mit einer byzantinischen Prinzessin absichern zu können.

Nicht weniger begehrt waren die Werke byzantinischer Kunstfertigkeit. Mosaizisten aus Byzanz arbeiteten in der Sophienkirche in Kiev wie in der Moschee von Cordoba, byzantinische Maler in Kiev, Vladimir und Novgorod und im georgischen Ubisi. Byzantinische Baumeister kamen bis Paderborn und errichteten dort 1017 die Bartholomäus-Kapelle. Werke der byzantinischen Emailkunst und Toreutik, der Seidenweberei und des Bronzegusses waren heißbegehrt; zahllose Kirchenschätze bargen oder bergen erlesene Stücke. Auch Ikonen erfreuten sich der Vorliebe und Verehrung; noch heute sind zum Beispiel in Gräfrath und Freising einst für hochheilig angesehene Gnadenbilder, Ikonen Mariä, zu bewundern, zumindest die Ikone in Gräfrath galt als Werk des Evangelisten Lukas.

Zwei tiefe Einschnitte unterbrechen die Entwicklung der byzantinischen Kunst. Der erste wurde durch den Bilderstreit hervorgerufen, durch das von Kaiser Leon III. im Jahre 730 erlassene

Verbot, Bilder religiösen Inhaltes in den Kirchen zu haben oder herzustellen. Die erste Phase des kaiserlichen Kampfes gegen die Bilder mit sich verschärfenden Maßnahmen zur Zerstörung kirchlicher Kunstwerke und dogmatischer Begründung der Bilderfeindschaft dauerte bis 780. Nach einer Zwischenepoche, in der die 7. oikumenische Synode von Nikaia im Jahre 787 die in der Orthodoxie bis heutige gültige Bilderlehre festgelegt hat, flammte der Kampf 815 noch einmal auf, der 842 endgültig mit dem Sieg der Bilderfreunde (Ikonodulen) über die Bilderfeinde (Ikonoklasten) endete. Der Tag, an dem dieser Sieg feierlich verkündet wurde, wird bis heute als das »Fest der Orthodoxie« gefeiert. Zurück blieb ein Trümmerfeld, im byzantinischen Machtbereich war fast alles vernichtet, was es an kirchlicher Kunst gegeben hatte. Die profane, vor allem die kaiserliche Kunst erfuhr zwar keine Unterbrechung, ist uns aber nur in ganz spärlichen Überresten erhalten. Außerdem wurde kirchliche Kunst im Anschluß an die vorikonoklastische Tradition außerhalb des Reiches weiterhin geschaffen, so vor allem in Palästina, das unter arabischer Herrschaft stand, und in Rom, das zwar de iure zum Reich gehörte, aber gerade in jenen Jahren sich dem Frankenreich zuzuwenden begann. Den zweiten Einschnitt verursachte der 4. Kreuzzug, den Venedig gegen Konstantinopel zu lenken wußte; er endete mit der Eroberung der Kaiserstadt, der Zerschlagung des Reiches und der Errichtung eines lateinischen Kaisertums an der Spitze einer Feudalordnung aus verschiedenen »fränkischen« Staaten sowie der Annektierung zahlreicher Inseln und Häfen durch Venedig. Nur zwei Teilbereiche blieben frei von der fränkischen Herrschaft: der Raum um Nikaia in Kleinasien und der Epiros, wo sich Angehörige verschiedener ehemaliger Kaiserfamilien installierten, sowie Trapezunt, das sich schon vor der Katastrophe von 1204 selbständig gemacht hatte. Während in diesen Reststaaten Kultur und Kunst der Periode vor 1204 sorgsam konserviert wurden, wichen viele Künstler vor der Latinisierung der Kaiserstadt nach Serbien aus, wo sie neue Wege suchten und fanden. Nach der Rückgewinnung Konstantinopels durch die Truppen des in Nikaia wiedererrichteten byzantinischen Kaiserreiches 1261 und der Rückerorberung großer Teile des einstigen europäischen Besitzes, ohne daß alle fränkischen Staaten hätten beseitigt werden können, begann der Verfall des nur durch Überforderung seiner Kräfte teilweise wiederhergestellten Reiches, der es immer mehr schrumpfen ließ und schließlich 1453 zu seinem Untergang führte. Diesen drei Phasen entsprechend unterscheiden wir drei Entwicklungsstufen der byzantinischen Kunst, die frühbyzantinische 330–730, die mittelbyzantinische 843–1204 und die spätbyzantinische 1261–1453. Nachdem der letzte Kaiser, der den Namen des ersten christlichen Kaisers trug, in den Straßen seiner Stadt im Kampf gegen die eingedrungenen Osmanen gefallen war und der Halbmond das Kreuz in der alten Kaiser- und Patriarchenkirche, der Hagia Sophia, ersetzt hatte, war die Kunst zwar ihres Zentrums beraubt; aber da der kaiserliche Hof schon seit langem nicht mehr der große Mäzen gewesen war, nahm die Kirche sie unter ihren Schutz. Vor allem die großen monastischen Zentren, die Klöster auf dem heiligen Berg Athos und die Meteora-Klöster in Thessalien, sowie die unter venezianischer Herrschaft stehende Insel Kreta wurden die Bewahrer und Förderer und in gewissem Grade auch Fortentwickler der nun rein auf kirchliche Aufgaben beschränkten Künste.

»Kaiser Konstantin der Große«, um 326, Bronze (aus Niš). Belgrad, Nationalmuseum

VON DER GRÜNDUNG KONSTANTINOPELS BIS ZUM BILDERSTREIT

Oströmische Kunst

Als Konstantin die alte megarische Kolonie Byzantion zu seiner Hauptstadt erhob und als »Neues Rom« und Sitz des Imperator Romanorum zum Zentrum seiner Herrschaft machte, stattete er sie nicht nur mit Kirchen und Palästen aus, lockte nicht nur römische Adelsfamilien dorthin und zahllose Neubürger aus allen Provinzen des Reiches, er schmückte sie auch mit zahlreichen Kunstwerken, von denen freilich kaum etwas erhalten blieb. Wie das geschah, hat des Kaisers Biograph Eusebios von Kaisareia vornehm umschrieben: »Die ganze nach dem Kaiser benannte Stadt war völlig gefüllt mit den aus allen Völkern herbeigeholten ehernen Weihegeschenken«*. Zwei Generationen später hat der römische Kirchenvater Hieronymus das härter ausgedrückt: »Constantinopolis wurde geehrt durch die Nacktheit fast aller Städte«*. Ein großzügiger Kunstraub ebenso wie die Sucht, sich beim Kaiser durch Geschenke beliebt zu machen, ließen die neue Residenz rasch zu einem Museum antiker Kunst werden. Konstantins Nachfolger setzten diese Ausschmückung der Stadt fort. So gelangten, um nur einige Beispiele zu nennen, aus Athen die Bronzestatue der Athena Promachos und die Gold-Elfenbein-Statue der Athena Parthenos, beides Werke des Phidias, aus Olympia die Gold-Elfenbeinstatue des Zeus vom selben Künstler, aus Delphi die Schlangensäule, die zum Gedenken der Schlacht von Plataiai gestiftet worden war und den goldenen Dreifuß getragen hatte (das einzige, wenn auch nur als Torso erhaltene Werk von denen, die ins Neue Rom verschleppt worden waren), aus Rom die Quadriga aus vergoldeter Bronze, deren Pferde heute die Fassade von San Marco in Venedig schmücken, aus Ephesos Säulen und Ehrenstatuen vom Artemision ins Neue Rom, das auch darin die Tradition des alten Rom fortsetzte. Zwei Zahlen mögen eine Vorstellung von der Fülle des so Zusammengetragenen geben: In der

Hagia Sophia sollen 427 antike Bildnisse, in den Bädern des Zeuxippos am Hippodrom mehr als 80 bronzene und marmorne Standbilder aus Griechenland gestanden haben. Kaum eine Provinz, die nicht beisteuern mußte, die Pracht der Kaiserstadt zu bereichern. »So taten sich die Wege auf, auf denen in buntem Durcheinander von Technik, Inhalt und Wert die antike Kunst einströmte und die Stadt nicht nur zu einem Weltmuseum, sondern auch zu einer Kunstschule ohne Vergleich formte«*.

Was in Konstantinopel selbst im ersten Jahrhundert seiner neuen Würde entstand, ist uns nur aus wenigen Resten bekannt. Das recht beschädigte Marmorbildnis Konstantins, in seiner Hauptstadt gefunden, kein Meisterwerk, sondern ein Produkt einer routinierten Serienherstellung, steht weit zurück hinter dem Bronzeporträt des Kaisers aus Naissos (Niš), der Geburtsstadt des Kaisers, das wahrscheinlich in Konstantinopel gearbeitet worden ist. Großflächig und wenig detailliert modelliert, läßt es doch die Kraft der Persönlichkeit erkennen und steigert das Antlitz trotz des Bemühens um klassische Glätte nicht zum Idealtypus empor, sondern hält die Grundzüge des kaiserlichen Antlitzes unverkennbar fest. Dieses Bildnis, wohl vom Kaiser seiner Vaterstadt geschenkt, zeigt ihn mit dem Plattendiadem, dem Kaiserinsigne, das

»Kaiser Arcadius«, um 400, Marmor (aus Konstantinopel). Istanbul, Archäologisches Museum

er eingeführt hat. Sonst gibt es nur wenige kaiserliche Denkmäler. Außer der Statue Valentinians II. (375–392 Mitkaiser Theodosius' I. im Westen), die in den Thermen von Aphrodisias (Kleinasien) gefunden wurde, und dem Bildnis des Arcadius (383–408), das in Istanbul bei Beyazit ans Tageslicht kam, kennen wir aus der Großplastik nur noch den Sockel des Obelisken, den Theodosius I. auf der Spina des Hippodroms aufstellen ließ, und ein paar traurige Fragmente einer Triumphsäule. Die beiden Kaiserporträts von klassizistischer Kühle und Glätte lassen kaum etwas von den Persönlichkeiten der beiden jungen Herrscher ahnen und sind mehr darauf abgestellt, einen Idealtypus als wirkliche Menschen zu zeigen. Wir begegnen diesem Streben, den vom Volk sorgsam ferngehaltenen, von Gott in sein Amt berufenen Herrscher gleichsam zu entpersönlichen, zum Typus zu entleeren und damit der irdischen Welt und der Zufälligkeit persönlichen Aussehens zu entrücken, in der byzantinischen Kunst immer wieder, die unverkennbaren Zeichen der Macht werden wichtiger als der Mensch, der sie trägt. Daß dies gewollt ist, beweisen andere Bildnisse, die in der Tradition der oströmischen Porträtkunst stehen und etwa

»Älterer Mann«,
Anfang 5. Jhdt,
Marmor
(aus Aphrodisias).
Brüssel,
Musées Royaux

»Kaiser Theodosius I. mit Gefolge«, um 390, Marmor (Relief am Sockel des Obelisken auf der Spina, ehemals im Hippodrom von Konstantinopel). Istanbul, At Meydan

gleichzeitig sind: zum Beispiel die Beamtenstatuen aus Aphrodisias (im Archäologischen Museum zu Istanbul) oder der am gleichen Orte gefundene eindrucksvolle Kopf eines älteren Mannes (in den Musées Royaux zu Brüssel). Hier sind Menschen in ihrer geschichtlichen Einmaligkeit dargestellt, dort Sinnbilder des höchsten irdischen Amtes.

Die Reliefs am Sockel des Theodosius-Obelisken* dagegen lassen, wenn auch jede der vier Seiten von einem anderen Meister gearbeitet ist und sich an künstlerischer Kraft erheblich unterscheidet, nur wenig Verbindung mit der Reliefkunst der Antike

»Szenen aus dem Hippodrom«, 1. Hälfte 5. Jhdt, Marmor (Seite eines Kugelspieles aus Konstantinopel). Berlin (O), Staatliche Museen, Frühchristlich-byzantinische Sammlung erkennen. Die Gestalten sind nicht nur nach ihrem gesellschaftlichen Rang differenziert (beispielsweise vom alles überragenden Kaiser und seinem Gefolge über die Zuschauer unterhalb der Kaiserloge bis hin zu den winzigen Gestalten der Musiker und Tänzerinnen auf der Südostseite), sondern stehen auch in keinem räumlichen Verhältnis zueinander oder zu der kulissenhaft flachen Architektur. Stellen wir daneben die wenig jüngeren Reliefs eines Kugelspieles, das in Konstantinopel gefunden wurde und Szenen aus dem Hippodrom zeigt, so kehren in dem handwerklich schlichten Stück die gleichen Prinzipien wieder: Größendifferenzierung und Unräumlichkeit. Da sehen wir an der einen Seite zwischen den Wendemarken den siegreichen Rennfahrer mit erhobenem Siegeskranz, dem ein Beamter mit einem Palmzweig entgegengeht, darüber wesentlich kleiner den Sieger, der mit einem Geldsack, seinem Siegespreis, die Ehrenrunde reitet; gänzlich beziehungslos ein geöffnetes Logenfenster, aus dem eine Frau schaut; ganz oben schließlich das Einziehen des Sonnensegels, wobei die Arbeiter größer sind als die zwischen ihnen aufspielenden Musikanten. Diese Art des Schilderns, die den Raum ignoriert und die Dargestellten nach ihrer Bedeutung in der Größe unterscheidet, ist ein Kennzeichen der Spätantike, die sich in solchen Reliefs als in Konstantinopel höchst lebendig erweist. Ähnliches finden wir weit früher fast überall im Römischen Reich, nicht etwa nur in Arbeiten der Volkskunst, sondern auch in hochoffiziellen Werken; als Beispiel sei ein Relief mit Zirkusszenen aus Serdica (Sofia)*, das aus konstantinischer Zeit stammt, genannt.

Rennen und Spiele waren als römisches Erbe von größter Wichtigkeit neben der Kornverteilung an die Bürger des Neuen Rom. Die Rennen stattete der Kaiser aus und wohnte ihnen regelmäßig bei, die Pausen wurden durch Ballett, Mimos oder Tierkämpfe ausgefüllt. So lange es den Jahres-Konsul in Konstantinopel gab (bis 541), war seine einzige Amtspflicht, aufwendige Spiele zu veranstalten und große Geldgeschenke an die Bevölkerung zu verteilen. Der Hippodrom spielte bis 1204 eine zentrale Rolle im öffentlichen Leben der Hauptstadt: Er war nicht nur die Stätte der Rennen und Volksbelustigungen, bei denen der Kaiser sich dem Volke zeigte und dieses ihm huldigte, sondern auch eine der Stätten

»Engel mit Christusmonogramm im Siegeskranz«, Ende 4. Jhdt, Marmor (Front des »Prinzensarkophages« aus Sarigüzel). Istanbul, Archäologisches Museum

des Triumphes, an der der Kaiser seinen Fuß auf den Nacken des besiegten Feindes setzte; in ihm versammelte sich das Volk zur Kaiserwahl – Byzanz war staatsrechtlich eine Wahlmonarchie; hier brach auch einmal ein Aufstand aus (532 gegen Justinian I.), der die Grundfesten des Kaisertums erschütterte, hier konnte es zur Abwahl eines Kaisers kommen oder ein Kaiser (Anastasius) sich vor seinen Untertanen verantworten, hier brachten die Unterworfenen ihre Tribute dar, kurzum, der Hippodrom war eine der Stätten der großen Politik.

Werke christlichen Inhalts sind nur spärlich und fragmentiert erhalten. Sie bezeugen eine Stilvielfalt von erstaunlicher Breite. Ein Sarkophag zum Beispiel, den man seines edlen Marmors und seiner hohen künstlerischen Qualität wegen als *Sarg eines Prinzen* anspricht*, zeigt auf seiner Front als Schmuck zwei schwebende Engel von klassischer Schönheit, die einen Lorbeerkranz mit dem Monogramm Christi halten. Diese Engel sind die Nachfolger der antiken Niken von kaiserlichen Siegesdenkmälern, denen gegenüber sie sich nur durch die Kleidung und das Geschlecht unterscheiden. Ihre Gesichter sind von der hohen, aber leeren Schönheit griechischer Idealvorstellungen; ihre Gewänder umspielen mit plastisch durchgearbeitetem Faltenwurf die kräftigen Körper. Die Schmalseiten des Sarkophages zeigen je zwei Apostel zu seiten

»Paulus und ein jugendlicher Apostel«, Ende 4. Jhdt, Marmor (Fragment aus Konstantinopel). Washington (D. C.), Dumbarton Oaks Collection ▶

eines Kreuzes. Auch bei ihnen lassen die Köpfe den Anschluß an griechische Idealporträts erkennen.

Auf andere Vorbilder geht das Fragment *Christus zwischen zwei Aposteln* (Berlin) zurück; die Architekturformen, die die Gestalten rahmen, nehmen die Struktur einer Gruppe von Sarkophagen des 2. und 3. Jahrhunderts aus Sidamara (Kleinasien) wieder auf; aber der Figurenstil ist unantik, auch wenn Christus wie ein griechischer Redner dasteht und seine Lockenfrisur hellenistisch wirkt: Die Proportionen stimmen nicht, die Posen sind steif, die Falten teils eingekerbt, teils als dünne Stege aufgelegt. Das sind Kennzeichen spätantiker Plastik, den Reliefs des Obelisk-Sockels verwandt. In diese Zeit weisen auch die Frisuren der beiden Apostel, die der Art entsprechen, wie man am theodosianischen Hof die Haare trug.

Ein etwa gleichzeitiges Fragment vom skulpierten Rahmen eines runden Marmortisches mit der *Blindenheilung* läßt dagegen – trotz der gedrungenen Figuren – in der weichen Modellierung und der kühlen Schönheit der Gesichter eine weit größere Nähe zur Antike erkennen. Ein hohes Marmorrelief, das wohl einst das Innere einer Kirche schmückte und unter einer Muschelarkade zwei

Rehe unter einem Thron darstellt, auf dem ein Mantel mit Fibel und ein Diadem liegen und über dem einst eine Taube schwebte*, zeigt wichtige Züge der spätantiken Relieftechnik: Alle Konturen sind durch gebohrte Rinnen begleitet, wobei diese Bohrkanäle, die auch sonst auf den hier gezeigten Reliefs gelegentlich vorkommen, das Relief zum Teil graphisch ergänzen; damit ist eine teilweise ausgezeichnete Durcharbeitung und eine gute Wiedergabe der Tierkörper verbunden, die weit über die schematische Darstellung der Schafe mit Schuppenfell auf einem Architravbalken der theodosianischen Sophienkirche hinausgehen.

Die starken Stilunterschiede zwischen diesen ausgewählten Reliefs lassen erkennen, daß die Hauptstadt sich zwar von 330 bis 400 so rasant entwickelt hatte, daß sie über die konstantinischen Stadtmauern weit hinausgewachsen war und unter Theodosius I. auf mehr als das Doppelte ihres ursprünglichen Umfanges erweitert werden mußte, aber noch kein stilbildenes Zentrum geworden war. Sie war nun wirklich der Mittelpunkt des Reiches geworden und übte eine beträchtliche Anziehungskraft aus, aber eine kulturelle und künstlerische Einheitlichkeit war noch nicht erreicht.

»Hetoimasie und Lämmer unter einer Muschelarkade«, um 400, Marmor. Berlin (W), Staatliche Museen, Preußischer Kulturbesitz, Frühchristlich-byzantinische Sammlung

»Petrus und ein Diener«,
um 430/40,
Marmor
(aus Kara Agatz).
Berlin (O),
Staatliche Museen,
Frühchristlich-byzantinische
Sammlung

Spätrömische, im Grunde unantike oder sich auf verschiedene Weise an der griechischen Antike orientierende Werke stehen neben Versuchen, beide unvereinbaren Ausdrucksformen zum Kompromiß zu verbinden. Dem römischen Westen gegenüber ist die Plastik im »Neuen Rom« von verwirrender Vielfalt, weit entfernt von der dort erreichten weitgehenden Stileinheit. Das zeugt von Konstantinopels künstlerischer Lebendigkeit, aber auch davon, daß man noch nach einer eigenen Stilform sucht.

Im 5. Jahrhundert ändert sich daran noch kaum etwas. Neben Werken von der derben Kraft, die sich mit der antikischen Beherrschung der vollen Plastizität verbindet, wie wir sie bei einer *Evangelisten-Büste* finden, stehen grob vereinfachende, harte Arbeiten von geringer künstlerischer Qualität aus dem Bereich der Sepulkralkunst, wie zum Beispiel zwei Grabplatten in Gestalt von Scheinsarkophagen oder ein Fragment einer solchen Platte, das primitive, volkskunsthafte Formen zeigt, die an Koptisches erinnern. Überblickt man, was das Archäologische Museum Istanbul an Fragmenten figuraler Plastik gesammelt hat, so steht man vor einer Fülle verschiedenster Ausdrucksformen und gewinnt den Eindruck, als seien aus allen Provinzen des Reiches Steinmetze, häufig von recht geringem Können, in Konstantinopel zusammengeströmt, um den Bedarf an Reliefplastik zu befriedigen. Andrerseits beginnt die Hauptstadt auch ihrerseits, in die Provinz auszustrahlen, wie ein Fragment einer *Schrankenplatte* beweist, das in der Nähe von Sinope gefunden wurde und aus dem konstantinopolitanischen Stil um 400 abgeleitet werden kann, den sie eine Generation später, etwas verhärtet, fortsetzt.

Gegen Ende des 5. Jahrhunderts scheint Konstantinopel dann auf dem Gebiet der Reliefplastik die Führungsrolle übernommen zu haben. Die noch etwas ungelenken und ziemlich flau gearbeiteten Schrankenplatten aus der Kirche des Studios-Klosters in Konstantinopel zeigen die schlanken, etwas teigigen Formen, die wir in der Elfenbeinplastik kurz nach der Jahrhundertwende bewegter und gekonnter wiederfinden. Zwei Fragmente von Säulen – die von zum Teil à jour gearbeitetem Weinlaub umsponnen werden, in das bukolische und christliche Szenen gesetzt sind –

»Hirt mit Hund in Weinlaub«, spätes 5. Jhdt, Marmor (Fragment einer Säule aus Konstantinopel). Istanbul, Archäologisches Museum bezeugen eine Kunst der Figurendarstellung, deren sehr plastischer Stil mit den Figuren in eleganter Haltung, Beherrschung der Proportionen, einem teilweise harten, zu Winkelfalten neigenden Gewandstil den ersten Rang in einer Reihe von Werken einnimmt, die aus den verschiedensten Gegenden des Reiches stammen. Konstantinopel bestimmt jetzt offenbar so etwas wie einen Reichsstil, der auch im von Odoakar beherrschten Italien Resonanz fand. Nun begegnen wir auch wieder profanen Denkmälern, zum Beispiel den beiden Basen von Statuen des gefeierten Rennfahrers *Porphyrios* (Istanbul, Archäologisches Museum), die etwa um das Jahr 500 errichtet wurden – ein Zeichen der ungemein hohen Wertschätzung, die Männer seiner Art genossen, denen sogar im Senatspalast Ehrenstatuten errichtet wurden*. Die eine Basis zeigt den Rennfahrer mit seinem Renndreß, Siegeskranz und Palme in den Händen; die zweite, leider stark abgeriebene, war mit Victorien, dem Sieger in seiner Quadriga und zahlreichen Szenen geschmückt. Stilistisch setzen sie den auf den Weinlaubsäulen eingeschlagenen Weg fort. Der Wandel des antiken Sportbetriebes zeigt sich an diesen beiden Basen in greller Deutlichkeit: Hatten einst die Städte ihren siegreichen Kämpfern der Olympischen Spiele, die rund ein Jahrhundert vor der Ehrung des Porphyrios zu Ende gegangen waren, Ehrenstatuen gesetzt, so widerfuhr das jetzt dem Sportprofi als gefeiertem Star der großstädtischen Massen.

Das Porträt ist ebenfalls im 5. Jahrhundert, wenn auch nur sporadisch, durch hervorragende Werke bezeugt. Ein Kaiserbildnis, wohl *Theodosius II.* (408–450), läßt einerseits den engen Anschluß an die Porträts der beiden jungen Kaiser der Zeit um 400 erkennen, ist aber andrerseits ihnen gegenüber wesentlich weniger typisiert, trägt mehr persönliche Züge, nähert sich wieder dem echten Bildnis. Dieser Kaiser ist wieder ein Mensch, zwar noch idealisiert, aber nicht mehr seiner Wirklichkeit beraubt. Nach der Jahrhundertmitte entstand die überlebensgroße Bronzestatue, die – wohl als Beutestück aus dem 4. Kreuzzug – nach Barletta verschlagen wurde. Dieses Kolossalbildnis des Kaisers *Marcianus* (450–457) ist wohl auf wenige, scharf geschnittene Grundformen reduziert (was auch darauf zurückzuführen ist, daß die Statue

einst auf einer hohen Säule gestanden haben dürfte), gibt aber überzeugend das unverwechselbare Aussehen des Dargestellten wieder. Alle Idealisierung ist abgestreift, Härte und Spuren des Alterns kennzeichnen das großflächig-derbe Antlitz. Das Kaiserporträt hat sich so dem Privatbildnis wieder angenähert, wie ein Vergleich mit dem überzüchtet wirkenden schmalen *Kopf eines äl-*

◀ »Kaiser Marcianus«, um 450/57, Bronze (Kopf einer Kolossalstatue). Barletta, bei S. Sepolcro

»Kaiserin Ariadne«, um 500, Marmor. Rom, Palazzo dei Conservatori

teren Mannes (Wien) zeigt, der in Ephesos gefunden wurde und die gleiche vereinfachende, den Bildnischarakter wahrende und zugleich den Ausdruck steigernde Gestaltung aufweist. Dieser aus römischer Tradition stammende Zug zum Verismus, zur Erfassung der Persönlichkeit, ist der theodosianischen Porträtauffassung diametral entgegengesetzt. Er kündigte sich im Bildnis *Theodosius II.* an, erreicht in dem des *Marcianus* seine klarste Ausprägung und geht gegen Ende des Jahrhunderts in dem Bildnis des Kaisers *Anastasius* (491–518) in eine fast karikaturhaft übersteigerte Darstellungsweise über, die sich auf den Bildnissen seiner Gattin *Ariadne* wiederfindet, in dem sich die gerade bei Frauenporträts so häufige Idealisierung geradezu in ihr Gegenteil verkehrt. Riesige Augen beherrschen das runde, fast dümmlich wirkende Gesicht, wie sie auch das ihres Gatten dominieren. Überbetonte Tränensäcke zeigen an, daß beide alt sind. Wie weit wir es hier noch mit Porträtähnlichkeit zu tun haben, ist sehr fraglich. Aber die Absage an ein leeres Schönheitsideal ist unverkennbar.

Ariadne trägt – und sie hat dieses Insigne wohl in Byzanz eingeführt – eine Haube, auf der ein Diadem liegt und mit Perlenschnürchen am Haubenrand befestigt ist. Sie hatte als Tochter, Mutter und Witwe der drei Vorgänger des Anastasius ihn als

»Kaiserin Ariadne«, 507 (?), Elfenbein (Fragment eines Diptychons). Florenz, Museo Nazionale (del Bargello)

ihren zweiten Gatten erwählt, weil das Volk von Konstantinopel sie im Hippodrom dazu aufgerufen hatte, dem Reich durch Wiederheirat einen neuen Herrscher zu geben. Sie ist die Kaiserin, von der wir die meisten Darstellungen kennen, und stets trägt sie ein Diadem oder eine Kronhaube. Gelegentlich wird sie auch im Kaisermantel, der Chlamys, dargestellt, mit Reichsapfel und Szepter unter einem Baldachin stehend, was man nur so verstehen kann, daß sie als Mitregentin ihres Gatten angesehen wurde. Dieses elfenbeinerne Bildnis lehrt, wie die Herrscher sich damals bei Audienzen ihren Untertanen zeigten: auf einer goldenen Fußbank unter dem Baldachin, einem uralten Himmelssymbol, im vollen, prunkenden Ornat mit allen Insignien ihrer Würde, unnahbar, erhaben, den gewöhnlichen Sterblichen sehr fern. Das Zeremoniell, damals schon hoch entwickelt, später noch weiter verfeinert, trennt den Stellvertreter Christi auf Erden und seine Familie streng von den Untertanen ab, läßt sie ihnen wie gleißende Erscheinungen aus einer anderen, höheren Welt gegenübertreten, deren Majestät zum Fußfall (Proskynese) nötigt. Diese herrscherliche Selbstdarstellung, die für alle christlichen Monarchien Europas zum Vorbild wurde, ist einer der wesentlichsten Antriebe der byzantinischen Kunst, die man sehr zu Unrecht als rein kirchlich bezogen darzustellen pflegt.

Bei der Elfenbeintafel mit dem Bildnis Ariadnes fällt die völlige Leere des Gesichtes auf, der Wegfall auch der in ihren Marmorbildnissen noch vorhandenen persönlichen Züge. Das von den großen Augen beherrschte Gesicht wirkt wie konstruiert, absolut unpersönlich. Vor einigen Jahren wurde in Balajnac ein bronzenes Kaiserinnenporträt gefunden, das diesen nahezu abstrakten Typus ins Monumentale umgesetzt hat. Aus historischen Erwägungen ist zu schließen, daß es sich bei diesem zeitlos jugendlichen, entpersönlichten Antlitz um ein Bildnis der Gemahlin Justins I. (518–527), *Euphemia*, handeln muß; sie war damals, als ihr Mann Kaiser wurde, seinen Geburtsort zur Stadt erhob und mit Statuen des Kaiserpaares schmücken ließ, von denen uns nur der Kaiserinnenkopf erhalten blieb, bereits eine recht betagte Dame. Noch einmal siegte die Typisierung irdischer Machtträger – statt eine Persönlichkeit in ihrer historischen Gegebenheit darzustellen.

Aus der Reihe der Bildnisse des 5. Jahrhunderts, die erhalten blieben, sei noch eines erwähnt, das in Athen im Akropolis-Museum einsam und fremdartig neben den Werken der griechischen Archaik und Klassik steht, das ungemein lebendige, ausdrucksstarke und realistische *Porträt eines älteren Mannes*, auf dessen schulterlangem Haar ein schmaler Lorbeerkranz liegt. Es stellt wohl einen der in Athen lehrenden Philosophen, einen Rhetor oder einen Dichter dar. Im Stil dem Brüsseler Kopf aus Aphrodisias verwandt, läßt es ahnen, zu welchen großen und großartigen Leistungen die Bildniskunst fähig war, wenn nicht repräsentative Vorstellungen sie zur Typisierung zwangen, sondern das Wesen eines geistigen Menschen zu erfassen war.

Noch weniger als auf dem Gebiet der Steinplastik ist auf dem der Malerei und des Mosaiks eine Entwicklungslinie nachzuzeichnen. Die in diesem Zusammenhang gern genannten ravennatischen Mosaiken dürfen nicht herangezogen werden, denn sie sind bis zur Mitte des 6. Jahrhunderts Werke aus rein westlicher, italienischer Tradition*. Sie hier einzubeziehen, würde ein falsches Bild von der frühbyzantinischen Kunst geben. Bleiben ein paar Mosaiken in Kirchen in Thessalonike. Aber auch ihnen gegenüber wird man

»Älterer Mann«,
Mitte 5. Jhdt,
Marmor.
Athen,
Akropolis-Museum

vorsichtig sein müssen, da diese Stadt kirchlich zur Obödienz von Rom gehörte und Sitz eines apostolischen Vikars war. Bei kirchlichen Mosaiken wird man also nicht ganz vorbehaltlos von byzantinischer Kunst sprechen dürfen, wissen wir doch nicht, wie weit römischer Einfluß sich vielleicht auf Thematik und Formgebung ausgewirkt haben mag. Immerhin unterscheiden sie sich so deutlich von den wenigen römischen und auch von den mailändischen und ravennatischen Mosaiken, daß wir sie mit einigem Recht hier nennen können. Da sind die betenden Heiligen neben Altären, die unter Ciborien stehen, vor phantastischer Architektur, die die Scenae frons eines antiken Theaters in immer neuen Variationen abwandelt und mit Elementen aus dem Kirchenbau vermischt, in der Rundkirche Hagios Georgios. Die Heiligen, je zwei oder drei für einen Monat, sind edle Gestalten von klassischer Schönheit, reinste Abkömmlinge des Hellenismus, ein wenig eintönig in der Wiedergabe der Gewänder und in der Haltung. Um 400 entstanden, belegen sie die höfische Renaissance der theodosianischen Zeit, ausgewogen, klar, schön und ausdrucksarm. Traurige Reste in Hagios Demetrios sind späte Nachklänge der großen Mosaiken von H. Georgios. Das Apsismosaik von Hosios David dagegen, wohl aus dem späteren 5. Jahrhundert, führt in eine ganz andere künstlerische Welt. In einer Gloriole thront Christus auf einem Regenbogen, umgeben von den Evangelistensymbolen; unter seinen Füßen quellen die vier Paradiesströme aus dem Paradiesberg; seitlich, in zerschrundener, schollig sich türmender Berglandschaft steht links Ezechiel, dessen Vision vom Gotteswagen hier gemeint ist, in der Haltung gespannten Horchens, den Worten Christi lauschend; rechts sitzt nachdenklich-unbeteiligt Habakuk. Diese Prophetenvision, bis ins späte 14. Jahrhundert immer wieder einmal als Motiv gewählt, ist scharf konturiert, arbeitet kaum mit Licht und Schatten, nimmt es mit den Proportionen wenig genau, zeichnet die Falten, besonders bei Habakuk, ganz unrealistisch und schematisch, ist in der Farbwahl zurückhaltend und sparsam. Löwe und Stier sind sehr naturfern. Von Klassizismus ist nichts mehr zu spüren. Eine andere geistige Welt als in Hagios Georgios ringt hier etwas unbeholfen um einen eigenen Ausdruck, um jenseitige Wirklichkeiten sichtbar zu machen.

Wandmalerei muß es im großen Umfang gegeben haben, vor allem für Kirchen ist sie vom 4. Jahrhundert an bezeugt. Kirchenväter wie Basileios der Große († 379) und Gregor von Nyssa († 394) haben in ihren Predigten auf Wandgemälde in ihren Kirchen hingewiesen, um ihren Zuhörern zum Wort das Bild zu vermitteln, das sie als didaktische Hilfe hochschätzten. Neilos von Ankyra († um 430) empfahl einem Beamten, seine Kirchen mit Szenen aus dem Alten und Neuen Testament schmücken zu lassen, und der Rhetor Chorikios von Gaza schildert im frühen 6. Jahrhundert in der Festrede zur Einweihung der Sergios-Kirche in Gaza ausführlich deren umfangreichen neutestamentlichen Bilderzyklus. Aber uns blieben nur die schönen Worte, nicht die Bilder. Wir wissen, was sie darstellten, aber nicht, wie sie es darstellten. Ein paar weit verstreute profane oder betont christliche Grabkammern in Niš, Silistra, Sofia, Thessalonike und Iznik geben uns nur einen schwachen, zudem teilweise provinziellen Widerschein der Malereien in den Kirchen und Wohnhäusern und sind so vereinzelt, daß wir aus ihnen keine Vorstellung vom Wesen der großen Wandmalerei gewinnen können.

Ikonen, erstmals durch Eusebios von Kaisareia († 339) bezeugt, oder Buchmalereien sind nicht erhalten, nur zwei illustrierte Wer-

»Christus«,
spätes 5. Jhdt,
Mosaik.
Thessalonike,
Hagios David,
Apsis

ke gehören noch ganz ans Ende dieser ersten Werdezeit byzantinischer Kunst. Das eine, eine Handschrift der Arzneipflanzenkunde des Arztes *Dioskurides* mit angehängten kleineren einschlägigen Schriften von anderen Autoren, die um 512 für die oströmische Prinzessin Julia Anicia als ein Ehrengeschenk geschaffen wurde, ist mit dem Bilde der hohen Dame, Bildern des Autors, seiner Schreib- und Malwerkstatt, disputierender Ärzte, zahlreicher Pflanzen, Insekten, Schlangen und Vögel ausgestattet. Aber abgesehen von dem Bild Anicias ist alles übrige aus weitaus älteren Büchern offensichtlich kopiert, wobei die Miniatoren nicht einmal ihre unterschiedlichen Vorlagen stilistisch vereinheitlicht haben. Diese Handschrift (Nationalbibliothek Wien) wurde im Laufe der Jahrhunderte mehrfach kopiert, freilich ohne das *Anicia-Bild*. Das ist ein für die Byzantiner sehr bezeichnender Zug: Wie man die Texte der antiken Wissenschaft sorgsam aufbewahrt, weiter-

◀ »Kosmas und Damianus«, um 400, Mosaik.
Thessalonike, Hagios Georgios

gibt und abschreibt und bestenfalls mit verwandten Texten kompiliert, um das dann höchst konservativ zu kommentieren, so hält man auch die antiken Illustrationen eisern fest. Man ist konservativ und man konserviert aus Prinzip, nicht aus Unfähigkeit zum Wandel. Wie die Kirche sich in dieser Periode auf die Lehren der Kirchenväter als die maßgebende Auslegung der Heiligen Schrift festzulegen begann und sich zunehmend Neuerungen verschloß, die von dieser Tradition nicht gedeckt sind, so beginnen auch die Wissenschaften sich immer strenger an dem Erbe der Antike zu orientieren und ihm den Rang eines Non plus ultra menschlicher Erkenntnisfähigkeit zuzuerkennen. Daher kommt das Kopieren im Wiener *Dioskurides.* Wie die Zeit selbst malte, wenn sie ohne verpflichtendes Vorbild schuf, zeigt das Widmungsbild: Im goldstrotzenden Hofgewand thront Anicia streng frontal, eingerahmt von zwei antiken Personifikationen, ein Putto reicht ihr den Kodex; das Bild ist eingebunden in eine sternförmige Verknüpfung von goldenen Stricken, wobei die Sternspitzen mit heute fast unkenntlich gewordenen Szenen gefüllt sind, in denen Putti sich pharmazeutisch und medizinisch spielend betätigen. Ein größerer

»Julia Anicia zwischen Allegorien«, um 512, Miniatur auf Pergament (Stifterbild in einer Dioskurides-Handschrift). Wien, Österreichische Nationalbibliothek

»Megalopsychia«, Mitte 5. Jhdt, Mosaik (aus Yakto). Antakya, Hatay-Museum

Unterschied als der zwischen diesem Bilde aus dem Geist des frühen 6. Jahrhunderts und dem antikisierenden Autorenbildnis ist kaum vorstellbar.

Die andere Handschrift, eine reich illustrierte *Ilias* (Mailand, Bibliotheca Ambrosiana) folgt ebenfalls weit älteren Vorbildern. Sie ist für uns ein besonders wertvolles Zeugnis, weil sie das auch im christlichen Ost-Rom unverändert fortbestehende Interesse an Homers Werken belegt, die ebenfalls zum unaufgebbaren Erbe der Antike gerechnet wurden.

Ansonsten sieht es im offiziellen, also im kaiserlichen oder staatlichen, im profanen, im wissenschaftlichen und im privaten Bereich so aus, daß wir wohl wissen, ahnen oder rückschließen, daß es eine ungebrochene Tradition von der Antike her gegeben hat. Aber wir stehen vor dem Faktum eines fast völlig vernichteten Reichtums, von dem außer ein paar Erwähnungen und vielleicht einige späteren, umgestaltenden Kopien in Ost und West die Spuren verweht sind. Ist schon im Westen die Überlieferung sehr bruchstückhaft, so hat die Geschichte des byzantinischen Raumes sehr viel gründlicher mit den Kunstwerken aufgeräumt. Nicht nur der natürliche Schwund, sondern auch vor allem gezielte Vernichtung, sowohl im Bilderstreit als auch durch die islamischen Eroberer, haben ihr Werk sehr gründlich getan.

Nur Fußbodenmosaiken blieben von der Pracht der Ausstattung von Kirchen und Villen. Die hervorragendsten, ganz in antiken Traditionen stehenden Werke dieser Art fanden sich in der Umgebung von Antiochia, vor allem in dem Villenvorort Daphne, und im Strahlungsbereich dieses bedeutenden Kulturzentrums, vom Libanon bis nach Kleinasien. Aus keiner anderen Kunstprovinz kennen wir Vergleichbares. Einen Eindruck von dieser hohen Kunst, die seit den Jahrhunderten des Hellenismus blühte, mag das Medaillonbild der *Megalopsychia* (des hohen Sinnes) aus Daphne vermitteln; in diesem Werk lebt die Antike ungebrochen weiter. Daß sich auch die Kirche dieser Kunst bediente, hat ein Zufallsfund in Misis, dem antiken Mopsuestia, gelehrt; dort kamen ein sehr fragmentierter Zyklus der Geschichte *Simsons* in einem illusionistisch antikisierenden Stil, hervorragende Mosaikstreifen mit Ranken, in denen Tiere von recht naturalistischer Gestaltung ihr Wesen treiben, und vor dem Platz des Altares ein Bild der Arche Noah als Symbol der rettenden Kirche (die Tiere sind hier viel steifer und naturferner als die in den Ranken) ans Tageslicht, Arbeiten der Zeit bald nach 400, als Mopsuestia ein wichtiges Bistum war.

Ähnlich zufällig ist die Überlieferung auf dem Gebiet der Kleinkunst: einige Silberarbeiten von hervorragender Qualität, ein paar Elfenbeinschnitzereien, einige Bronzen, fast durchweg Produkte für die Oberschichten. Toreutische Werke von großer Schönheit stammen aus der Zeit Theodosius' I. Wir nennen als Beispiele das *Missorium* mit einer Darstellung einer Beamtenernennung durch diesen Kaiser im Jahre 388 (in der Akademie in Madrid) und die silberne Amphore aus Concesti (in der Leningrader Ermitage). Das *Missorium*, gegossen, nachgearbeitet und teilvergoldet, zeigt den Kaiser, vor einer Palastfront thronend, wie er einem Beamten das Codicill, die Ernennungsurkunde, überreicht, das dieser zeremoniell mit den von einer Chlamys bedeckten Händen empfängt. Theodosius wird von seinen Mitkaisern Valentinian II. und Arcadius und seiner germanischen Leibwache gerahmt; unter dem

Podest, auf dem die Figuren stehen, ist Tellus, die Göttin der fruchtbaren Erde, gelagert, drei Eroten eilen empor, den Kaisern Früchte zu bringen; die Umschrift bezieht sich auf die Dezennalienfeier des Kaisers und legt den Prunkteller auf das Jahr 388 fest. Die Komposition ist von spätantikem Charakter: Die Größendifferenzierung ist konsequent durchgeführt, Theodosius überragt alle an Größe und damit an Bedeutung, seine Mitkaiser folgen, abgestuft nach Dauer ihres Kaisertums und Alter, und dann geht es über den Beamten bis zu den Gardisten, die die Kleinsten sind. Mit diesem Prinzip geht das der strengen Frontalität der Hauptfiguren, der Kaiser, zusammen. Der Stil zeigt bei aller Flachheit des Reliefs ein gutes Gefühl für Körperlichkeit. Die Gesichter sind ebenso entpersönlicht wie in den großplastischen Kaiserporträts der Zeit. Daß Tellus hier so groß unter dem Bild des Kaisers erscheint, der im Jahre 380 das Christentum zur alleinigen Reichsreligion erhoben hatte, dürfte sich daraus erklären, daß man sie nicht mehr als Göttin, sondern als Personifikation verstand, die seit der Ara Pacis des Augustus (Rom) mit dem Kaiser verbunden war.

»Kaiser Theodosius überreicht einem Beamten die Ernennungsurkunde«, 388, Silber (Missorium). Madrid, Accademia Reale

Aus einem anderen, auf die Antike zurückgreifenden Kunstwollen stammt die *Amphora*, die 1812 in Concesti (Rumänien) gefunden wurde. Sie ist eine Treibarbeit mit Teilvergoldung und zeigt drei selbständige Reliefringe: auf der Schulter eine Jagdszene, auf dem Gefäßkörper den Kampf zwischen Griechen und Amazonen und über dem Fuß Nereiden, die auf mythischen Seetieren reiten. Trotz einiger Ungereimtheiten in der Figurenkomposition ist das Bemühen unverkennbar, antike, wohl hellenistische Vorbilder nachzugestalten, auch in der stark differenzierenden Plastizität. Das Kunstwerk wird dadurch zu einem östlichen Beispiel für die eigentümliche Rückwendung zur Antike, wie sie uns auch in hervorragenden Werken der stadtrömischen Kunst um 400 bezeugt ist.

Aus dieser »theodosianischen Renaissance« stammen auch einige Elfenbeinschnitzereien, für die hier als Beispiele ein heidnisches und ein christliches Werk, beide wohl aus Alexandria, stehen sollen. Das eine, ein muldenförmiges *Kästchen* mit Schubdeckel, das auf diesem die Tyche von Alexandria mit Isis-Kopfschmuck, Steuerruder und Füllhorn sowie einen Putto mit einem Spiegel, auf dem Kasten selbst Dionysos, Herakles und Ariadne zeigt. Die

»Amazonenkampf«, um 400, Silber (Amphora aus Concesti). Leningrad, Ermitage

»Tyche von Alexandria«, um 400, Elfenbein (Kästchendeckel). Washington (D. C.), Dumbarton Oaks Collection

routinierte, etwas flüchtige Arbeit steht in einer jahrhundertealten hellenistischen Tradition, die in Ägyptens Hauptstadt nie abgerissen war, und erweist sich als Werk der Spätzeit nur durch die bei aller Plastizität etwas teigigen Formen und die großenteils negativ eingekerbten Falten. Die größte erhaltene christliche *Pyxis* dagegen, die den lehrenden Christus zwischen den Aposteln und das Opfer Abrahams als Bildschmuck trägt, ist qualitätvoller und bezeugt die bedenkenlose Übernahme hellenistischer Porträts für christliche Darstellungen; so trägt zum Beispiel Paulus die Züge des Sokrates, andere bärtige Apostel sind von Idealbildnissen griechischer Dichter und Rhetoren abhängig. Nur die jungen Gesichter gehören dem etwas leeren Typus der Zeit zu.

Auch in diesen Zweigen der Kleinkunst setzen die Zeugnisse erst nach sehr langer Pause wieder ein. Aus der Zeit des Kaisers Anastasius, dessen Stempel auf der Rückseite eingeprägt ist, stammt die *Patene des Bischofs Maternus*, von dessen Bistum am Schwar-

»Christus zwischen den Aposteln«, um 400, Elfenbein (Pyxis). Berlin (W), Staatliche Museen, Preußischer Kulturbesitz, Frühchristlich-bzyantinische Sammlung

zen Meer wir nicht wissen, wo es genau lag. Von besonderem Interesse ist an ihr die belebte Ranke auf dem Rande mit teilweise ziemlich realistischen Tierdarstellungen. Es handelt sich um eine Arbeit aus einer konstantinopolitanischen Werkstatt, die den kaiserlichen Stempel als Zeichen der Materialreinheit und der Anerkennung trägt. Ein anderer großer *Silberteller* mit dem Stempel des Anastasius wurde in dem Schiffsgrab von Sutton Hoo gefunden, gehörte also zum Besitz eines germanischen Herrschers*. Solche Prunkteller waren eine beliebte Gabe für Barbarenfürsten, die

»Allegorie Indiens«, 510/20, nielliertes Silber (Schale). Istanbul, Archäologisches Museum ▶

man entweder als Bundesgenossen gewinnen oder von Angriffen abhalten wollte.

Dem kühlen Klassizismus der offiziellen Elfenbeinplastik des frühen 6. Jahrhunderts begegnen wir bei einer silbernen *Schale mit der Allegorie Indiens* zwischen Meerkatzen, einem Papagei und einem Perlhuhn und über zwei Männern mit angeschirrten Tigern. Die unbekleideten Körperpartien der India sind mit Niello überzogen, das zum Teil weggebrochen ist und so die dichte Aufrauhung des darunter liegenden Silbers erkennen läßt. Die sehr seltene, komplizierte Technik und die trotz einer nicht ganz befriedigenden Lösung des Sitzmotives hervorragende, sehr

feine und exakte Arbeit lassen an einen Meister höchsten Könnens denken, der in der Hauptstadt für die regierenden Kreise tätig war. Das Gesicht ähnelt in seiner klaren Leere und Regelmäßigkeit an den Kopf einer Kaiserin aus Balajnac. Elfenbeinerne Diptychen derselben Zeit, die von den Jahreskonsuln bei Amtsantritt an hohe Würdenträger verschenkt wurden, zeigen denselben Stil, so zum Beispiel die des Konsuls *Anastasius* vom Jahre 517 oder das des *Magnus* aus dem folgenden Jahr. Diese kostbaren Festgeschenke zeigen, was den Konsuln noch als Aufgabe blieb: in goldgestickter Amtstoga den Zirkusspielen zu präsidieren, mit denen sie die Ehre des Konsulates teuer bezahlen mußten, und die Bevölkerung der Hauptstadt mit Geschenken zu erfreuen. Nur die kleinen Zirkusszenen des unteren Drittels, in spätantiker Unräumlichkeit, aber sehr lebendig dargestellt, lassen einen bewegteren, weniger klassizistischen Stil erkennen, wie er sich in der Steinplastik des späten 5. Jahrhunderts herausgebildet hatte und auch in einer Reihe von kirchlichen Elfenbeinarbeiten der Zeit härter und etwas steifer wiederkehrt, die sich um einen Buchdeckel aus Murano gruppieren lassen*.

Das nur teilweise rekonstruierbare Bild der Kunst in den ersten beiden Jahrhunderten der frühbyzantinischen Entwicklung ließ uns mehrfach erstaunliche Diskrepanzen erkennen, die zwischen etwa gleichzeitigen Kunstwerken eine unüberbrückbare Kluft aufreißen. Wie läßt sich das erklären? Zunächst einmal sicher damit, daß Konstantinopel erst in seine Rolle langsam hineinwachsen mußte, außer Sitz der Regierung auch geistiges und künstlerisches Zentrum zu werden. Aber das ist nur die eine Seite der Medaille. Die andere, wichtigere trägt das Bild der Uneinheitlichkeit der ethnischen, kulturellen, sozialen und religiösen Strukturen von geradezu zentrifugalem Charakter. Neben dem Emporkömmling Konstantinopel standen die alten Zentren des Hellenismus, Antiochia am Orontes und Alexandria. Die Seleukidenstadt Antiochia, Zentrum des Vorderen Orients und Sitz der Verwaltung der großen Diözese Oriens, stand noch in höchster Blüte und war sich ihrer Bedeutung voll bewußt. Die Alexanderstadt am Nil hatte zwar im 3. Jahrhundert viel von ihrem Schmelz verloren, war aber immer noch ein Zentrum von Wissenschaft und Kultur. Die formende Kraft des Hellenismus hatte aber große Teile des oströmischen Reiches nur oberflächlich oder auch gar nicht zu wandeln vermocht. Die große Krise des Reiches – die unaufhörlichen Bürgerkriege im 3. Jahrhundert – hatte nicht nur die innere Kommunikation im Reich teilweise zum Erliegen gebracht und die ersten verheerenden Invasionen über die Grenzen in Nord und Süd ausgelöst, sondern auch als Folge davon die Provinzen stärker auf sich selbst gestellt und das Selbstbewußtsein der Provinzialen aufleben lassen. Die Kopten, die von aller antiken Kultur durch Gesetz ausgeschlossenen Nachkommen der alten Ägypter, schufen sich ihre eigene Schriftsprache, das Syrische trat als Verkehrssprache neben, zum Teil sogar vor das Griechische in Syrien und Mesopotamien. In Kleinasien leben noch so barbarische Völker wie die Isaurier oder so oberflächlich hellenisierte wie die Galater. Zu diesen Differenzen traten religiöse Gegensätze. In Ägypten zum Beispiel blieben die dort ansässigen Griechen bis ins 5. Jahr-

»Konsul Anastasius«, 517, Elfenbein (Diptychon). Paris, Bibliothèque Nationale, Cabinet des Médailles hundert großenteils Heiden, die Kopten hatten sich fast alle dem Christentum zugewandt. Erst die rigorose Religionspolitik Theodosius' I. drängte das Heidentum systematisch zurück. Dafür trat dann ein innerkirchlicher Gegensatz auf, der sich mit den ethnischen und sozialen Spannungen verband und später das Reich sprengen sollte. Das war der aus kirchenpolitischer Eifersucht des Patriarchen von Alexandria gegen den des »Neuen Rom« vom Zaun gebrochene Streit um die beiden Naturen in Christus. Gegen Alexandria und seinen Patriarchen Dioskur, der noch 449 in Ephesos den totalen Sieg errungen zu haben schien, setzte 451 das Konzil von Chalkedon die bis heute in den großen christlichen Kirchen gültige Lehre durch, göttliche und menschliche Natur seien in Christus unvermischt und untrennbar verbunden (Dyophysitismus); Dioskur und seine Partei lehrten dagegen, beide Naturen seien zu einer gottmenschlichen vereinigt (Monophysitismus). Die Kopten gingen in die totale Opposition, in der sich der konfessionelle Gegensatz mit dem nationalen Haß gegen die Griechen als die Herrenschicht im Lande und dem sozialen Antagonismus der arbeitenden Schichten gegen die Großgrundbesitzer, Großkaufleute, Manufakturbesitzer und hohen Beamten zu einer explosiven Mischung verband. Syrien schloß sich der Opposition mit dem Schwergewicht auf dem konfessionellen Hader an. Dazu kam die Gefahr, daß das Oströmische Reich wie das Weströmische im Laufe des 5. Jahrhunderts von den germanischen Söldnern dominiert wurde. Erst Leon I. konnte 471 mit Hilfe der Isaurier das Übergewicht der Germanen zerschlagen. Die an ihre Stelle getretenen Isaurier hat dann Anastasius 498 endgültig durch einen regelrechten Feldzug aus ihrer Machtstellung vertrieben und damit die Gefahr einer barbarischen Überfremdung des Reiches zunächst beseitigt. Aber alle Versuche, die zerrissene kirchliche Einheit wiederherzustellen, indem man den Monophysiten, die inzwischen eine eigene Kirchenorganisation aufgebaut hatten, entgegenkam, führten zu nichts als neuem Streit. Unter diesen Umständen, bei derartigen inneren Gegensätzen, konnte es nicht zu einer einheitlichen Kultur oder gar zu einer Reichskunst kommen. Im Gegenteil, zumindest Ägypten und große Teile Syriens gingen bewußt eigene Wege.

Das Goldene Zeitalter: Von Justinian bis Herakleios

Als nach dem Tode des Anastasius 518 der greise General Justinus zum Kaiser gewählt wurde und mit ihm sein Neffe Justinianus die Politik des Reiches in die Hand nahm, begann ein Umbruch sich abzuzeichnen, der dann mit Justinian I. (527–565) auf allen Gebieten voll wirksam wurde. In fast jeder Hinsicht wurde der Kurs in der Kirchen- wie in der Außenpolitik radikal geändert; es genügt, hier auf die eindeutige kaiserliche Unterstützung der Dyophysiten und auf die Zerschlagung der Reiche der Vandalen und der Ostgoten sowie die Rückeroberung von Teilen Spaniens aus westgotischer Hand hinzuweisen. In dem stolzen Bewußtsein, der von Gott erwählte Herr der Oikumene (der zivilisierten Welt) zu sein, wollte Justinian deren Einheit im wiederhergestellten Römischen Reich und in der geeinten christlichen Kirche erneuern – beides gelang ihm zwar nicht, er kam aber den Zielen unter rücksichtsloser Überforderung der Kräfte Ost-Roms ziemlich nahe. Zugleich ging es ihm um die Wiedergeltendmachung der römischen Traditionen, galt doch das Römische Reich als der von Gott gesetzte Rahmen für die Verchristlichung der Welt. So ließ er das römische Recht sammeln und ordnen – sein Corpus iuris ist für das ganze Mittelalter Quelle aller Studien des römischen Rechtes geworden und wirkt bis heute nach. So nahm er auch in einer wahren Bauwut die Tradition der römischen Kaiser wieder auf, überall im Reich architektonische Denkmäler seiner Großmut errichten zu lassen*. Erst unter ihm wird Konstantinopel wirklich auch zum kulturellen Zentrum des Reiches. Ihm kam dabei freilich mancherlei zu Hilfe: Antiochia wurde 526 durch ein Erdbeben stark zerstört, ein weiteres ereignete sich 528; ein persisch-arabischer Raubzug 529 und ein monophysitischer Aufstand 531 hinderten den Wiederaufbau; 540 eroberte und zerstörte Chosrau I. die schwergeprüfte Stadt und siedelte die Mehrzahl der Bewohner ins persische Reich um; schließlich brachte ein Erdbeben 551 neue schwere Schäden – es zerstörte auch Berytos (Beirut), den Sitz einer berühmten Rechtsschule, in der Justinians Corpus iuris entstanden war; diese Katastrophen schalteten beide Zentren aus; Alexandria war von dem Streit zwischen der dyophysitischen Regierung und der monophysitischen Bevölkerungsmehrheit zerrissen; die alten heidnischen Schulen hatte Justinian geschlossen – die berühmte Bibliothek war schon 391 mit dem Serapeion von fanatischen Christen zerstört worden; zur Strafe für die Ablehnung eines von Justinians Gattin Theodora protegierten Patriarchen wurde 535 ein Teil der Stadt niedergebrannt; sie war also auch für Konstantinopel keine Konkurrenz mehr; die neuplatonischen Lehrstühle in Athen waren schon 529 aufgehoben worden; und Rom schließlich hatte im Gotenkrieg unsäglich gelitten und war längst nicht mehr Zentrum des Reiches: Nahe an dessen Westrand gelegen, hatte es für das oströmische Reich keine nennenswerte kulturelle Bedeutung mehr. Konstantinopel allein war unbeschadet gewachsen und aufgeblüht, in seiner führenden Rolle von keiner Seite mehr bedroht.

In der Hauptstadt entwickelte sich ein reges und großes Kunstleben. Ein herausragendes Kennzeichen ist die Wiederentdeckung des Menschen in seiner Individualität, die es wert ist, mit all ihren persönlichen Zügen festgehalten zu werden. Zum ersten Mal wird

»Konsul Philoxenus und Allegorie Konstantinopels«, 525, Elfenbein (Diptychon). Paris, Bibliothèque Nationale, Cabinet des Médailles

»Kaiserin Theodora«,
um 540, Marmor.
Mailand, Castello Sforzesco

»Kaiser Justinian I.«,
nach 535, Porphyr.
Venedig, S. Marco

uns diese neuerliche Rückkehr zum urrömischen Porträtverismus 525 faßbar in dem *Konsulardiptychon des Philoxenus*, das als erstes auch eine griechische neben der lateinischen Inschrift trägt: Der bejahrte Konsul ist mit vierkantigem Gesicht, Hängebacken, Doppelkinn und mißmutiger Miene dargestellt, und die Personifikation Konstantinopels wurde ihm in geschwisterlicher Häßlichkeit angeglichen. Hier wird nicht einfach ein Typus ausdrucksvoller Häßlichkeit der leeren Schönheit zum Beispiel im Bildnis der *Euphemia* vorgezogen – das beweisen zur Genüge viele andere Werke aus dieser Zeit wie zum Beispiel die *Elfenbeinstatuette eines hohen Beamten* (London, British Museum), dessen Gesicht deutliche Spuren beginnenden Alters trägt, oder das große *Goldmedaillon Justinians*, das anläßlich des Vandalentriumphes geprägt wurde. Der etwa 52 Jahre alte Kaiser ist feist, mit kleinem Mund, etwas vorgeschobener Unterlippe und sehr kräftigem Hals dargestellt, ohne jede Idealisierung; so erscheint er auch in dem *Porphyrkopf*, der von der Außengalerie von S. Marco in Venedig zum Canale Grande hinüberblickt. Das Bildnis seiner Gattin *Theodora* blieb in einem Marmorporträt erhalten, wohl einer italienischen Kopie ihres offiziellen Porträts; das feine, zart geformte Antlitz einer nicht mehr jungen Frau läßt etwas von der regen Intelligenz, dem hohen Geist und dem Herrscherwillen dieser Frau ahnen, die nicht nur Gattin, sondern de facto Mitherrscherin Justinians war. Daß sich diese meisterhafte Erfassung der Persönlichkeit nicht auf die Hofkreise beschränkte, mögen drei Kunstwerke privaten Charakters belegen: das in Ephesos gefundene Kolossalporträt eines alten *kahlköpfigen Mannes* (Wien), der mit schmalen, zusammengepreßten Lippen streng, ja böse aussieht, das elfenbeinerne *Diptychon eines Dichters*, der, ein muskulöser Greis in der Tracht eines kynischen Philosophen, kahl, mit Bartstoppeln im breiten Gesicht unter fliehender Stirn, nachdenklich etwas verklemmt auf einer Sella sitzt und seiner Muse lauscht, und eine flache *Silberschüssel*, auf der ein vor sich hinträumender Hirt bei seiner kleinen Herde sitzt – dies sicher kein Porträt, aber von bildnishaftem Verismus. Der Kaiser, der Konsul, der Beamte, der alte Epheser, der Dichter und der Hirt gehören in die glei-

»Muse und Dichter«, 2. Viertel 6. Jhdt, Elfenbein (Diptychon). Monza, Duomo, Tesoro

»Hirt mit Herde«, Mitte 6. Jhdt, Silber (Schale aus Klimova). Leningrad, Ermitage

che Kategorie vom Leben gezeichneter, unschöner Männer, die zwar keine angenehmen Gesichter, dafür aber eine unverkennbare Lebensechtheit zeigen. Nichts ist hier geschmeichelt, geschönt, idealisiert; nur die übergroßen Augen, ein Erbe der spätantiken Porträtkunst, sprengen den Rahmen des Realismus – beim Dichter und beim Hirten ist auch darauf verzichtet. Das Bildnis der Kaiserin geht nicht so weit; es läßt zwar die welkende Schönheit ahnen, aber so milde, wie das beim Frauenporträt seit der Spätantike galanter Brauch war. Dieser Verismus, der sich auf die Gesichter beschränkt (die Anatomie des Beamten, des Hirten und vor allem des Dichters ist arg verzeichnet), ist ein Zeichen bewußten Aufgreifens bester römischer Bildnistradition, aus dem gleichen Geist betonten Römertums entsprungen wie Justinians Bemühungen um die Wiederherstellung des Reiches und die Kodifizierung seines Rechtes.

Man spricht gelegentlich von »justinianischer Renaissance«. Auf dem Gebiet des Bildnisses könnte man diese Bezeichnung in dem Sinne annehmen, daß hier ein Wiederaufleben der Traditionen der römischen Porträtkunst vorliegt. Aber das bedeutet nicht die Wiederbelebung einer längst versunkenen Kunst, sondern nur einen neuen Pendelschlag in dem Wechsel zwischen idealisierendem und veristischem, typisierendem und das Individuum erfassendem Bildnisstil seit der Spätantike. Und nicht nur die Figurendarstellung mutet nicht antikisch an, auch anderes ist wenig renaissancehaft: Auf der *Hirtenschale* sind zwar die Tiere sehr naturnah gestaltet, aber die Komposition mit den beiden Bodenlinien für die Ziegen (man nennt das gestaffelte Komposition) und den in die Fläche gebreiteten, ornamentartigen Pflanzen hat einen unräumlichen Bildaufbau, der dem am Sockel des Theodosius-Obelisken verwandt und in spätantiker Reliefauffassung verwurzelt ist; die Muse auf dem Diptychon läßt sich trotz ihres fast im antiken Sinne gestalteten Gewandes – nur die Ringelfalten am rechten Arm fallen heraus – von den elfenbeinernen Bildnissen Ariadnes ableiten.

Aber es gibt eine Wiedergeburt des Mythos gerade in der Zeit des Kaisers, der die letzten Reste des Kaisertums auszurotten unternahm. Eine Silberschale, mit dem Stempel Justinians auf der Rückseite, zeigt den *Besuch der Venus bei Anchises* (seine Leier liegt neben ihrem Apfel zu ihren Füßen). Diese seltene Szene kann man wohl nur aus der Romanitas Justinians verstehen: Der Besuch führte zur Ehe der Göttin mit dem König, der Aeneas entsproß; auf ihn, den Gründer von Roms Mutterstadt Alba Longa, führte sich die Familie Caesars zurück, der die Venus Genetrix als seine Stammutter verehrte. Die Schüssel präsentiert also den mythischen Uranfang Roms; sie tut das in einem etwas trockenen Hellenismus (Anchises ist wohl nach einem Vorbild der Diadochenzeit gestaltet) und läßt nur in dem Wachtposten die eigene Zeit zu Wort

»Besuch der Venus bei Anchises«, Mitte 6. Jhdt, Silber (Schale aus Kopčiki). Leningrad, Ermitage ▶

kommen. Von ganz anderer Art sind die mythischen Reminiszenzen in der Elfenbeinplastik: Auf einem Täfelchen schlägt *Apoll vor der sich in einen Lorbeerbaum verwandelnden Daphne* die Leier (Ravenna); auf einer Pyxis sind *Götter* aufgereiht; auf einer anderen beißen die reichlich hölzernen Hunde der Artemis den Voyeur *Aktaion* (Florenz), dessen Verwandlung in einen Hirsch nur durch ein Geweih auf seinem Kopf angedeutet ist; eine dritte Pyxis zeigt den Gott *Dionysos auf dem Pantherwagen* (Bologna), von Mänaden und Pan begleitet.

Das alles sind Ziergegenstände für den gehobenen Haushalt, in verschiedenen Werkstätten gearbeitet, aber keine großen Kunstwerke. Nur eines haben sie gemeinsam: die innere Distanz zum Mythos. Apoll verfolgte als Jäger die schöne Nymphe, die vor ihm floh und von ihrer Mutter in den Lorbeer verwandelt wurde, um

sie vor der Liebeswut des Gottes zu schützen; hier bringt ein weichlicher Galan seiner ihm zuwinkenden Herzdame ein Ständchen im Beisein von Eros und Aphrodites Schwan. Die Aphrodite auf der Pyxis ist eine ziemlich ramponierte, etwas ordinäre Dame, Athena neben ihr ein verkleidetes Bauernmädchen; die grausame Bestrafung des indiskreten Aktaion erstarrt zum lebenden Bild einer dürftigen Schaustellung, und der Zug des Dionysos nach Indien mutet wie ein müder Karnevalszug an. Alle urtümliche Wildheit des Mythos ist versunken, er ist zum Dekorationsmittel geworden; man nimmt ihn nicht mehr ernst, versteht ihn wohl auch gar nicht mehr und schätzt ihn nur noch als schmückendes Beiwerk, so wie die Epigrammatiker der Zeit ihn auch tändelnd verwenden. Diese Entleerung des Mythos beweist, daß das Reich so christlich geworden ist, daß man sich ohne Skrupel mit mythischen Darstellungen schmücken kann und damit gleich auch noch seine klassische Bildung zur Schau stellt.

Nimmt man »Renaissance« als Aufblühen der Künste, ist dem wirklich so. Es kann kein Zufall sein, daß wir aus der Zeit Justinians so viele Kunstwerke von beachtlicher Qualität und hohem Anspruch besitzen wie aus keinem anderen Abschnitt der frühby-

»Hermes, Aphrodite und Athene«, 1. Hälfte 6. Jhdt, Elfenbein (Pyxis). Baltimore, Walters Art Gallery zantinischen Periode. In der Elfenbeinplastik zum Beispiel arbeiteten dieselben Werkstätten, aus denen die mythologischen Nippes stammen, für Kaiser und Kirche. Das größte frühbyzantinische Elfenbeinwerk, *die Kathedra des Erzbischofs Maximianus von Ravenna*, um 550 in Konstantinopel entstanden und wohl ein Geschenk des Kaisers an seinen Günstling, und ein werkstattgleiches großes Diptychon mit Christus und Maria zeigen, was dieses Kunsthandwerk zu leisten vermochte. Gerahmt von belebten Ranken, an der Front à jour gearbeitet, mit Tieren von unmittelbarer Natürlichkeit, sind drei von verschiedenen Meistern gearbeitete Gruppen von Bildtafeln über den Holzkern verteilt: an der Front Johannes der Täufer zwischen den Evangelisten, Figuren von feierlicher Größe mit ausdrucksvollen, zum Teil häßlichen Gesichtern mit kleinen, abstehenden und zu hoch sitzenden Ohren, in antiken Gewändern mit dichten, teilweise kreisenden Falten, in hohem Relief und mit lebendiger Plastizität, aber von mißlungener Anatomie und ohne Korrelation zum architektonischen Rahmen, auf Wirkung gearbeitet, nicht auf klassische Erscheinung – von diesem Schnitzer stammt auch das Diptychon; an der Rücklehne innen und außen Szenen aus dem Leben Jesu, dem Stil der Frontfiguren verwandt, aber flüchtiger gearbeitet, flacher, weniger detailliert, sorglos komponiert, bis in die letzte Ecke gefüllt mit Figuren, im Raum schwebenden Architekturteilen, Landschaftsandeutungen usw.; an den Seitenlehnen Szenen aus der Geschichte Josephs, des alttestamentlichen Prototyps Christi, frisch erzählt, in spätantiker Art komponiert, mit gedrungenen Figuren in der Kleidung und mit den Waffen und Insignien des 6. Jahrhunderts. Mit Antike hat das wenig mehr zu tun, eher schon ist es aus spätantiken Ansätzen entwickelt, aber trotz aller Stilverschiedenheiten entstand ein in sich einheitliches, wahrhaft kaiserliches Geschenk. Das Diptychon ist als Beispiel für das Ineinander kirchlicher und weltlicher Repräsentation von besonderem Interesse: Christus und die Gottesmutter thronen auf kaiserlichen Sellae vor einer Arkade mit Vorhängen – Erinnerungen an das Missorium Theodosius' I. und die Elfenbeintafeln Ariadnes klingen darin an; zwei Apostel beziehungsweise zwei Erzengel stehen hinter ihnen wie die höchsten Hofbeamten hinter dem Kaiser bei Audienzen; Helios und Se-

»Christus«,
um 550,
Elfenbein
(Diptychonflügel).
Berlin (W),
Staatliche Museen,
Preußischer
Kulturbesitz,
Frühchristlich-
bzyantinische
Sammlung

lene, alte Symbole ewigen Reichsglückes aus dem Kaiserkult, grüßen den himmlischen Imperator und die Himmelskönigin; kurz: Das Zeremoniell und die Symbolik irdischen Kaisertums sind auf dessen jenseitige Machtquelle übertragen. Ein Gegenstück dazu ist eine Tafel eines fünfteiligen Diptychons, das einen triumphierenden Kaiser – von Nike bekränzt, von Tellus gestützt, von einem Barbaren angefleht – zeigt, neben ihm ein Feldherr mit einer Nikestatuette und einem Geldsack (sein Gegenpart ist verloren) und unter ihm von einer Nike angeführte afrikanische und asiatische Barbaren; über allem schweben zwei Engel mit einem Medaillon, aus dem Christus den Kaiser (wahrscheinlich Justinian) segnet. Das drückt die byzantinische Kaiseridee perfekt aus: Der gotterwählte Kaiser, der für Christus die Welt regiert, siegt und triumphiert mit Christi Segen und Hilfe.

Aus der Fülle der Elfenbeinschnitzereien, von denen viele von den Meistern der Maximians-Kathedra kamen, seien zwei ausgewählt, die andere Möglichkeiten zeigen. Auf einem Diptychonflügel im British Museum ist die klassische Gestalt eines Erzengels das Produkt eines direkten Rückgriffes auf antike Formen, aber ihr Verhältnis zur Architektur ist völlig unkoordiniert. Auf einem Diptychon im Bargello benennt auf dem einen Flügel Adam die Tiere, auf dem anderen finden sich zwei Szenen aus der Geschichte des Paulus. Der Schnitzer verband die spätantike Unräumlichkeit der Komposition mit einem antikisierenden Figurenstil und naturalistischen Tierbildern; auch hier der Realismus nicht durchgehalten, wie etwa das Haargeflecht Adams, die Schuppenfelle des Löwenpaares, das laubartige Fell der Ziege, die ornamentalen Pflanzen zeigen. Durch die antike Form, aus der man Anregungen schöpft, dringt eben immer wieder ein ihr zutiefst fremdes Kunstwollen an die Oberfläche.

Nach der Jahrhundertmitte degenerieren die Formen der justinianischen Blütezeit ziemlich rasch, wir verlieren die Elfenbeinplastik gegen das Jahrhundertende aus den Augen. Mehr historisch als künstlerisch bedeutsam ist eine Tafel des 7. Jahrhunderts, die den feierlichen Einzug zweier Bischöfe mit einem Reliquiar in Konstantinopel zur Weihe einer neuen Kirche in die Mese (die Hauptstraße) verlegt – der Wagen der Bischöfe hat gerade die

»Erzengel«,
2. Viertel 6. Jhdt,
Elfenbein
(Diptychonflügel).
London,
British Museum

Chalke, den Eingang des Palastviertels, erreicht, der Kaiser und hohe Beamte gehen mit Kerzen voraus, die Patronin der Kirche empfängt die Prozession. Gemessen an den Werken der justinianischen Zeit ist der Figurenstil plump und rustikal – man beachte nur die Zuschauer in den Häusern! Von der Kraft und dem Erfindungsreichtum der justinianischen Epoche blieb nichts. Noch ferner stehen ihr trotz der antiken Thematik die Reliefs von einer Sella, die den Ambo Heinrichs II. im Aachener Münster schmükken; im 7. Jahrhundert in Alexandria gearbeitet, sind sie die letzten Ausläufer eines provinziell gewordenen, unter koptische Einflüsse geratenen Hellenismus. Bei dem einen Dionysos zum Beispiel sind der Leib und die Schenkel gut und sehr naturnah modelliert, die Unterschenkel und die Arme aber sind zu klein und zu dürftig, der Kopf mit dem starren Gesicht ist viel zu groß; das Weingeranke um ihn ist à jour gearbeitet, aber das Laub kerbschnittartig stilisiert, die Tiere und die Putti in den Ranken sind fast Karikaturen dessen, was in justinianischer Zeit geschaffen wurde. Die Zeit für diese Kunst scheint vorbei; aber aus dieser degenerierten Endphase wuchs ein neuer, archaischer Stil: Eine Madonnenstatuette (Baltimore), das älteste Beispiel der Eleusa,

»Dionysos«,
2. Viertel 7. Jhdt,
Elfenbein.
Aachen,
Münster (Dom),
Ambo
Kaiser Heinrichs II.

»Madonna mit Kind« (älteste Eleousa), 2. Viertel 7. Jhdt, Elfenbein (Statuette). Baltimore, Walters Art Gallery

ist das beredte Zeugnis dafür; fast fremdartig wie ein Idol, innerlich wie äußerlich der Antike fern, gehört diese streng stilisierte Madonna, obwohl wenig jünger als der Dionysos, bereits dem Mittelalter an, freilich nicht dem byzantinischen: Von ihr führt der Weg ins koptische Mittelalter.

In der Toreutik erfolgt unter Justinians Nachfolger, Justin II. (565–578) ein deutlicher Stilwandel. Das große Kreuzreliquiar, das er St. Peter in Rom schenkte, und aus derselben Werkstatt stammende Arbeiten, wie ein goldenes Brustkreuz mit dem Bilde der *Parusia Christi* (Washington), zeigen spitzovale Gesichter mit riesigen Glotzaugen unter breit ausladenden Stirnen; die sehr dichte Faltengebung ist schematisiert und parallelisiert. Diese archaistisch wirkenden Formen finden sich auch noch in Arbeiten bis zum Jahrhundertende. Daneben gibt es Silberarbeiten, die von den schmalgesichtigen, scharf charakterisierten Medaillons an einer Vase aus Emesa (Homs in Syrien) bis zu der karikaturhaft überzeichnenden, aber sehr expressiven Art einer in Riha (Syrien) gefundenen Patene ein neues Menschenbild vor Augen führen,

»Apostelkommunion«, 565/78, Silber (Patene aus Riha). Washington (D. C.), Dumbarton Oaks Collection ▶

das sich aus dem Verismus justinianischer Bildnisse entwickelt hat. Dann begegnen toreutische Arbeiten erst wieder im 7. Jahrhundert. Diese Unterbrechung erklärt sich durch die geschichtliche Situation, und das gilt auch für das Auslaufen der bedeutenden Elfenbeinskulptur, des Großporträts, der Buchmalerei, die Unterbrechung der Steinplastik und der Mosaikkunst.

Drei Jahre nach Justinians Tod begann die langobardische Invasion in Italien, die schließlich nur Ravenna mit Umgebung, Rom und Süditalien als Reichsbesitz übrig ließ. Gleichzeitig verstärkte sich der Druck der von den Avaren getriebenen Slaven, die schon unter Justinian ständig in die Balkanprovinzen eingefallen waren. Nachdem die Avaren in der pannonischen Ebene ihr Reich gegründet und sich 568 die Slaven botmäßig gemacht hatten, begannen sie den Kampf mit Byzanz; 582 eroberten sie Sirmium (Srmska Mitrovica), 586 standen sie vor Thessalonike.

Die Gegenoffensiven des Kaisers Maurikios (582–602) brachten keinen entscheidenden Erfolg, führten aber 602 zu einer Meuterei der oströmischen Truppen, die Phokas (602–610) zum Kaiser ausriefen; ein Aufstand in Konstantinopel stürzte Maurikios, den Phokas mit seinen Söhnen hinrichten ließ, um dann ein gegen die Aristokratie gerichtetes Terrorregime zu errichten. Die Balkanprovinzen gingen fast ganz an die Slaven verloren. Vom Osten her griff Chosrau II., dem Maurikios bei der Erringung des persischen Thrones geholfen hatte, als Rächer des Ermordeten an, seine Truppen erreichten 608 Chalkedon (Kadiköy). Das Reich schien dem Untergang geweiht. Gerettet wurde es von Herakleios (dem Sohn des Exarchen von Karthago), der am 3. Oktober 610 die Hauptstadt einnahm. Der Krieg gegen Avaren, Slaven und Perser ging weiter, brachte aber zunächst keine Erfolge, im Gegenteil: Chosrau eroberte 614 Jerusalem, 619 Ägypten. Erst eine teilweise Neustrukturierung des Reiches auf militärischer Grundlage (die Themenverfassung, zunächst nur in Kleinasien)* ließ die Abwehrkräfte wieder erstarken und ermöglichte 622 die Gegenoffensive gegen Chosrau, die anfangs sehr erfolgreich verlief. Aber 626 standen die Avaren und Slaven wieder vor Konstantinopel und Chosraus Armee in Chalkedon. Die Hauptstadt hielt stand, der Legende nach durch ein wundertätiges Marienbild gerettet. Die byzantinische Flotte zerstörte die Boote der Slaven, ein avarischer Sturm wurde abgeschlagen, die Avaren zogen ab. Die Perser zogen sich ebenfalls zurück, ihre Lage war aussichtslos geworden. Herakleios, der in Armenien stand, griff nun das Perserreich an, siegte 627 bei Ninive und eroberte 628 Chosraus Residenz. Dieser wurde ermordet, sein Sohn schloß Frieden. Byzanz erhielt alles zurück, was Chosrau erobert hatte. Das waren nicht nur die Ostprovinzen, sondern auch das Heilige Kreuz, das der Sassanide aus Jerusalem entführt hatte; am 21. März 630 wurde es im Beisein des Kaisers in Jerusalem feierlich wiederaufgerichtet. »Dieser festliche Akt versinnbildlichte den Abschluß des ersten großen Glaubenskrieges der christlichen Ära«*.

Es leuchtet ein, daß die Zeit der schweren Kämpfe zum Erliegen der Künste führte. Für sie war weder Geld noch Anlaß da. Erst nach Herakleios' Triumph lebten sie wieder auf. Ein auf

Zypern gefundener Schatz von silbernen, teilvergoldeten Schalen, die die *Geschichte Davids* zum Thema haben, sind die hervorragendsten Zeugen des großen, neuen Anlaufes, den die Toreutik nach der Überwindung der schweren Krise nahm. Die Schalen stammen aus der kaiserlichen Werkstatt und dienten wohl als Schaustücke im Hause eines hohen Reichsbeamten. Sie zeigen ein gekonntes Wiederanknüpfen an die Antike, eine echte Renaissance: Die künstlerischen Ausdrucksformen der Vergangenheit wurden vollendet für das neue, christliche Thema verwendet; Köpfe wie die Sauls und seines alten Begleiters können neben jedem hellenistischen Porträt bestehen, Davids Löwenkopf mit den besten antiken Tierkampfbildern in Wettstreit treten; Figuren und Gewänder, Bewegungen und Gesten sind »richtig« im Sinne hellenistischer Reliefkunst. Angesichts solcher Meisterwerke darf man mit Recht von »byzantinischer Antike« sprechen*. Nicht alles, was die kaiserlichen Werkstätten verließ, war so völlig vom Geist und von der Form der Antike durchdrungen, auch wenn das Thema antikisierend war: Eine *Schale mit Mänade und tanzendem Silen* zum Beispiel ist trotz der Lebhaftigkeit der Darstellung und der auf den ersten Blick bestechenden Wiederbelebung antiker Lebensfreude weit schwächer, die Beinchen des trunkenen Silen sind ebenso mißlungen wie der Körper der Mänade, der aus nicht zusammenpassenden Teilen zusammengesetzt zu sein scheint. Sol-

»Davids Kampf mit dem Löwen«, 612/30, Silber (Schale aus Zypern). New York, Metropolitan Museum of Art che Prunkschalen verschenkte der Hof an barbarische Fürsten, die man als Helfer gegen Reichsfeinde ködern wollte – vielleicht hat man deswegen mehr Wert auf kostbares Material als auf künstlerische Qualität gelegt. Die Produktion dieser Hofwerkstatt setzte sich, der Silberschale verwandt, noch unter Herakleios' Sohn und Enkel fort, und verschwand dann.

In den malerischen Künsten ist die Überlieferung fast noch bruchstückhafter. Von der Ausmalung der Kirchen blieben spärliche Reste, die kein Bild der literarisch bezeugten Größe vermitteln. Das kirchliche Wandmosaik – vom profanen blieb nichts – ist durch einige wenige, weit zerstreute Beispiele belegt, unter denen das Apsismosaik der Panhagia Angeloktistos in Kiti (Zypern) und das der Kirche des Katharinen-Klosters am Sinai herausragen und die Spannweite der künstlerischen Möglichkeiten ahnen lassen. Das *Mosaik in Kiti*, eine Madonna zwischen Erzengeln, ist von der kühlen Schönheit, die wir bei dem elfenbeinernen Erzengel fanden. Im schroffen Gegensatz dazu sind die Gestalten im *Sinai-Mosaik*, in einer imaginären Bildebene ohne Raumcharakter symmetrisch angeordnet, in teilweise harter, fast graphischer Manier gezeichnet, mit flachen, weder schönen noch sehr ausdrucks-

»Madonna mit Kind zwischen den Erzengeln Michael und Gabriel«, Mitte 6. Jhdt, Mosaik. Kiti (Zypern), Panhagia Angeloktistos, Apsis vollen Gesichtern, trotz starker Schattierungen wenig körperhaft wirkend, in Form und Geist der Antike sehr fern. Dieses Mosaik, in dem von Justinian gestifteten Kloster 565/66 gesetzt, spiegelt die eine Möglichkeit der Epoche, die sich dem Mittelalter zuwendet, das Mosaik in Kiti, früher meist ins 7. Jahrhundert gesetzt, wird jetzt etwa dem Sinai-Mosaik gleichzeitig datiert*. Wir stehen vor zwei Werken, die in ihrem gegensätzlichen Stilwollen erkennen lassen, daß die frühbyzantinische Kunst auch in ihrer Hochblüte keine in sich geschlossene Einheit darstellte, sondern ein janusköpfiges Phänomen war, dessen eines Antlitz sich zur Antike zurückwendet, der Byzanz zeit seiner Existenz verpflichtet blieb, während das andere in das aufsteigende Mittelalter blickte, in dem neue, eigene Wege gegangen werden sollten. Dieses Nebeneinander innerlich ungleichzeitiger Formen blieb ein Kennzeichen der byzantinischen Kunst bis an ihr Ende – einen allgemein verpflichtenden Zeitstil gab es nur gelegentlich und auf Zeit, nie auf Dauer, und landschaftlich gebundene Sonderstile gab es auch nicht.

Aus der Zeit nach der Krise im frühen 7. Jahrhundert blieben nur die *Votivmosaiken* in Hagios Demetrios in Thessalonike aus der Zeit nach 630; das Mosaik mit dem Erzbischof und dem Beamten konsularen Ranges, welche die Kirche nach einem Brande wiederherstellen ließen und von dem Stadtheiligen Demetrios präsentiert werden*, zeigt die neue Entwicklung dieser Kunst: Drei streng frontal stehende Gestalten von straff geschlossener Kontur – unkörperlich zweidimensional gegeben, die Gewänder von dichten, schmalen, parallelen Falten bedeckt, die die absolute Herrschaft der Linie bekräftigen, die noch bildnishaft gemeinten Gesichter ganz symmetrisch geformt und zu strengen Masken erstarrt, Licht und Schatten in ihnen gleichmäßig verteilt – treten dem Betrachter wie Erscheinungen aus einer anderen Welt gegenüber, abstrahiert von den und erhöht über die irdischen Persönlichkeiten, die das Gotteshaus erneuern ließen, hin zu Prototypen des geistlichen und weltlichen Amtes, die sich im Dienste des Heiligtums zusammentaten. Hier ist etwa zu der Zeit, da in Konstantinopel die Davids-Schalen gearbeitet wurden, der Gegenpol jener Renaissanceströmung faßbar, die Transzendierung des Men-

»Der hl. Demetrios zwischen einem Bischof und einem Anthypatos«, nach 634, Mosaik. Thessalonike, Hagios Demetrios schenbildes aus der antiken Welt der Körperlichkeit in eine fast leibfeindlich anmutende Welt des frommen Geistes. Das Nein zu der höfischen Renaissance könnte kaum schroffer ausfallen – nur leider sind wir nicht sicher, ob wir hier einen Zipfel einer byzantinischen Richtung zu fassen bekommen, die sich bewußt gegen die Renaissancebestrebungen wandte, oder ob es nicht vielmehr der Einfluß Roms war, der hier die gewählte Form mitbestimmte, gehörte Thessalonike doch auch damals noch zur päpstlichen Obödienz.

Reicher ist der Schatz an Fußbodenmosaiken, aus dem hier nur das große *Jagdmosaik* vom Jahre 539 aus Apamea (Syrien) genannt sei als ein Zeuge für das Fortleben einerseits der realistischen und sehr lebendigen Schilderung von Jagd und Tierkampf, die seit der römischen Kaiserzeit eine zunehmend wichtige Rolle spielte, und andrerseits jener raumlosen Kompositionsweise, die die einzelnen Gruppen und Pflanzen auf einer abstrakten Fläche streumusterartig verteilt. Kaum anders ist das Bild bei den Fußbodenmosaiken des Großen Palastes in Konstantinopel, deren Datierung in der Forschung sehr stark schwankt; heute wird das späte 6. Jahrhundert bevorzugt, aber eine erheblich spätere Entstehung kann wegen mancher Verwandtschaft zu den Mosaiken der Omaijaden-Moschee in Damaskus nicht ausgeschlossen werden. Wie dem auch sei, die Überreste bezeugen eine »außerordentliche Kontinuität des klassischen Erbes«*. Werke wie diese Mosaiken vermitteln uns eine Vorstellung von der Kraft und Wirkung dieses Erbes durch die Plastizität der Formen, die naturalistische Darstellung, die reichen Variationen der Haltungen, die Lebendigkeit des Ausdruckes in den Szenen aus dem Landleben, der Jagd, dem Hippodrom und in den mythologischen Anspielungen. Hier ist die Auseinandersetzung mit dem klassischen Erbe nicht zu einem Klassizismus, also einer Nachahmung, sondern zu einer vollen Aneignung, zum Einswerden mit der antiken Tradition gelangt. Gewiß ist das in dieser Vollendung reine Hofkunst, künstlerischer Ausdruck jenes Bewußtseins, das Reich des Augustus in ungebrochener Kontinuität zu verkörpern, nicht auf die Antike zurückzugreifen, sondern aus ihr und mit ihr und in ihr zu leben. Da uns so wenig von der kaiserlichen Kunst erhalten blieb, ist die-

»Kind und Esel«, spätes 6. Jhdt (?), Mosaik (aus dem Kaiserpalast in Konstantinopel). Istanbul, Mosaiken-Museum

ses Fußbodenmosaik eines der wichtigsten Überbleibsel aus frühbyzantinischer Zeit, lehrt es uns doch, in welchen Kreisen das klassische Erbe gepflegt wurde, lebendig blieb und immer wieder zur künstlerischen Auseinandersetzung herausforderte. Das Mosaik aus Apamea beweist trotz des künstlerischen Abstandes, daß in der offiziellen Kunst außerhalb der höfischen Sphäre das Gleiche galt, und wir dürfen annehmen, daß die Paläste des Beamtenadels, von deren Schmuck wir gelegentlich hören, sich der gleichen Übung befleißigten. Es ist die weltliche Oberschicht, die das klassische Erbe pflegte und sich damit »modernen« Ausdrucksmöglichkeiten verschloß. Daß die Kirche andere Wege suchte und ging, zeigen die Mosaiken im Sinai-Kloster und in Thessalonike,

»Christus«, um 560, Enkaustik auf Holz. Sinai, Katharinenkloster

aber auch die zahlreichen Fußbodenmosaiken, die zu ähnlichen Gestaltungen drängten*.

Mit der justinianischen Zeit setzt auch die Reihe der erhaltenen Ikonen ein, deren bedeutendste Denkmäler im Sinai-Kloster überdauert haben. Am Anfang stehen große Ikonen in enkaustischer Malerei, die wohl zur Erstausstattung des Klosters gehörten und kaiserliche Gaben waren. Unter ihnen ragen die wohl gegen die Mitte des 6. Jahrhunderts entstandenen Tafeln mit dem *Bilde Christi* in dem Typus, der die Chalke in Konstantinopel schmückte*, und dem *Bilde des Petrus* heraus. Beide Büsten erscheinen vor einer Nische, wie sie im Kaiserzeremoniell den Hintergrund herrscherlichen Auftretens bildeten. Sie vermitteln den Eindruck hervorragender antiker Porträts, »in der besten klassischen Form ausgeführt, solche bezeichnenden Züge wie den ›impressionistischen‹ Pinselstrich und die dreidimensionale Stellung im Raum mit Nachdruck auf der Bildebene fortsetzend«*, und führen in Technik, Ausdruckskraft und lebendiger Unmittelbarkeit jene große Bildniskunst fort, die wir aus den Mumienporträts* kennen. Dieser klassische Ikonenstil lebt im 7. Jahrhundert in der Ikone der *Thronenden Maria zwischen zwei Märtyrern* (Theodor und

»Christus Emanuel«,
1. Hälfte 7. Jhdt,
Enkaustik
auf Holz.
Sinai,
Katharinenkloster

»Tod Johannes' des Täufers«,
3. Viertel 6. Jhdt,
Miniatur (Evangeliar aus Sinope). Paris,
Bibliothèque Nationale,
Suppl. gr. 1286

»Erzengel Michael«, Mitte 6. Jhdt, Marmor. Antalya, Museum

Georg?) etwas vergröbert und bei den Engeln und dem jugendlichen Märtyrer schon verflachend fort, und erreicht dann in der Emanuel-Ikone etwa die Art der thessalonizensischen Mosaiken. Neben dieser großen Kunst gab es auch einen volkstümlich erzählenden Stil, der die spätantike Gleichgültigkeit den Proportionen gegenüber und eine rasche Flüchtigkeit in den Details mit lebhaftem Ausdruck verbindet; der *Schubdeckel eines palästinensischen Reliquienkästchens* des späten 6. Jahrhunderts aus dem Schatz von Sancta Sanctorum ist ein bezeichnendes Beispiel dafür.

Die Buchmalerei ist durch drei Purpurkodices vertreten: die Fragmente einer illustrierten *Genesis* (Wien) und zweier *Evangeliare* (Rossano und, aus Sinope stammend, Paris). In ihrer Stellung zueinander, ihrem Herkunftsort und ihrer Datierung umstritten, werden sie doch allgemein dem 6. Jahrhundert zugerechnet. Ich halte sie für konstantinopolitanisch und möchte das jüngste Stück, das *Fragment aus Sinope*, in die zeitliche Nähe der *Patene von Riha* setzen, mit der es die Liebe zu karikaturhaft scharf charakterisierten Figuren teilt, und damit auch in die Nähe des palästinensischen Kästchens. Damit reißt die spärliche Zeugenkette bereits wieder ab.

Die figürliche Reliefplastik ging ähnliche Wege wie das Mosaik: In justinianischer Zeit entstehen Werke von so hellenistischer Schönheit wie der *Gabriel* in Antalya, im 7. Jahrhundert so graphisch bestimmte, von dichten parallelen Falten übersponnene Gestalten wie der Moses auf der *Stele des Arztes Johannes* aus Konstantinopel, einem schwachen plastischen Gegenstück zu den Mosaiken von Hagios Demetrios in Thessalonike. Auf die reiche Architekturplastik kann hier nicht näher eingegangen werden. Immerhin sei erwähnt, daß die in justinianischer Zeit in Konstantinopel entwickelte Kapitellform zu einem regelrechten Exportartikel wurde: Wir finden in der Hauptstadt gefertigte Stücke zum Beispiel in Ravenna wie in Apollonia (Libyen).

»Moses empfängt die Zehn Gebote«, 1. Hälfte 7. Jhdt, Marmor (Grabstele des Arztes Johannes, aus Istanbul). Berlin (O), Staatliche Museen, Frühchristlich-byzantinische Sammlung

Arabersturm und Bilderstreit

Wenige Jahre nach dem Triumph des Herakleios folgte die Katastrophe, die das durch den Perserkrieg überforderte Reich an den Rand des Abgrundes stieß: 634 drangen die Araber unter Kalif Omar in die eben erst zurückgewonnenen Ostprovinzen ein, 636 besiegten sie die Byzantiner vernichtend am Jarmuk, Antiochia und die meisten syrischen Städte fielen in ihre Hand, 638 eroberten sie Jerusalem, 640 Dvin (Armenien), 642 Alexandria, 643 Tripolis, 647 Kaisareia in Kappadokien, 649 Zypern, 654 Rhodos und Kos; nach kurzer Ruhepause wegen innerer Konflikte im Kalifat begann der Vorstoß der Krieger Allahs 663 erneut, 670 standen sie in Kyzikos am Marmarameer, 672 eroberten sie Smyrna (Izmir), 674 griffen sie zur See Konstantinopel an und erneuerten diesen Angriff alljährlich bis 678; dann zogen sie sich, durch das »griechische Feuer« verheerend dezimiert, zurück, wobei ein Sturm ihnen weitere schwere Verluste zufügte; eine gleichzeitige arabische Niederlage in Kleinasien führte zum Friedensschluß auf 30 Jahre; dessen ungeachtet ging die Eroberung Nordafrikas durch die Araber weiter, 698 fiel Karthago, die Hauptstadt des byzantinischen Afrika, in ihre Hand, 711 eroberten sie Septem (Ceuta) und setzten nach Spanien über. Die Südküste des Mittelmeeres war damit fest in arabischer Hand. Gleichzeitig ermunterten innere Auseinandersetzungen im Byzantinischen Reich die Araber zu erneutem Vorstoßen in Kleinasien: 717 standen sie erneut vor Konstantinopel, mußten aber 718, von Winterkälte, Hungersnot und bulgarischen Angriffen dezimiert, die Belagerung aufheben. Der byzantinische Gegenangriff konnte beginnen, die Kraft der arabischen Gefahr war fürs erste gebrochen.

Aber die Araber waren nicht die einzigen, die die Existenz des Reiches bedrohten. Zwar hatten Avaren und Slaven nach dem Sieg von 678 sich mit dem Kaiser, Konstantin IV., arrangiert, aber in jenen Jahren war ein neues Volk an der Donaumündung erschienen, die Bulgaren*. Ein Feldzug Konstantins IV. gegen sie scheiterte 680, die Bulgaren überschritten die Donau und gründeten im Raum von Varna ihr erstes Reich, das der Kaiser formell im Friedensvertrag anerkennen mußte. Als ihr Khan Tervel 705 Justinian II. zur Rückeroberung des Kaiserthrones verhalf, erhob dieser den Bulgarenfürsten zum »Kaisar« (Caesar) und verlieh ihm damit den höchsten Rang der byzantinischen Hofordnung nach dem »Basileus« (Kaiser) selbst, ein Zeichen der Macht und Bedeutung, die der junge Staat errungen hatte. Hatten die Bulgaren 717 Kaiser Leon III. gegen die Araber geholfen, so begannen sie gegen dessen Sohn Konstantin V. den Kampf, als er in Thrakien Festungen bauen zu lassen befahl. Während sich die Front gegen die Araber weit nach Osten verlagerte, spielten die Kämpfe mit den Bulgaren, die zwar besiegt, aber nicht gebrochen wurden, in gefährlicher Nähe zur Hauptstadt. Die arabische Gefahr war gebannt, Byzanz im Angriff, aber die neue bulgarische Gefahr sollte das Reich eine Generation später in Lebensgefahr bringen.

Mit dem existenzbedrohenden Ansturm der Reichsfeinde verbanden sich heftige innere Gegensätze, die sich auf kirchlichem Gebiet besonders stark auswirkten. Herakleios hatte, um die wiedergewonnenen Provinzen, in denen der Monophysitismus vorherrschte, auch innerlich für das Reich zu gewinnen, 638 in einem Erlaß, der Ekthesis, der Kirche eine Lehre aufzwingen wollen, nach der Christus zwar zwei Naturen, aber nur einen Willen gehabt habe (Monotheletismus). Als Kompromiß gedacht, verärgerte dieser Erlaß die Orthodoxen und zog die Monophysiten nicht an, die sich vielmehr lieber den Moslim in die Arme warfen, als dem Kaiser gehorchten. Auch als Herakleios, durch den jähen Sturz von der Höhe des Persertriumphes in die Tiefen der Niederlage gegen die Araber betäubt, 641 starb, ohne sich zur Abwehr aufgerafft zu haben, ging der sinnlos gewordene Streit weiter, führte 653 zu brutalem Vorgehen Kaiser Konstans' II. gegen Papst Martin I. und wurde erst 680/81 auf dem 6. oikumenischen Konzil beigelegt. Nur knapp ein halbes Jahrhundert blieb der innerkirchliche Frieden gewahrt. Kaiser Leon III., der 717/18 den großen Sieg über die Araber errungen hatte, begann 726 öffentlich gegen die Bilderverehrung aufzutreten. Als seine Versuche, den Patriarchen von Konstantinopel, Germanos, und den Papst, Gregor II., für seine Position zu gewinnen, scheiterten, erließ er 730 ein Edikt, das die Vernichtung aller Kultbilder befahl. Der von ihm ausgelöste Bilderstreit hatte damit seinen ersten öffentlichen Aplomb erreicht*.

Von der Kirche anfangs nur geduldet, von vielen Theologen bekämpft, von anderen aus didaktischen Gründen zugelassen, hatten sich die Bilder seit dem 4. Jahrhundert in der Kirche immer mehr ausgebreitet und bald auch eine ständig wachsende Verehrung auf sich gezogen, wie man sie zum Beispiel dem Kaiserbild gegenüber längst gewohnt war. Obwohl es immer wieder zu Reaktionen rigoroser Theologen gegen die Verehrung und damit oft gegen die Bilder selbst kam, hatten sich feste Bildtypen und Bildzyklen sowie bestimmte Kultformen entwickelt, die aus der Volksfrömmigkeit erwuchsen: Man verehrte die Bilder mit Kerzen, Weihrauch, Kniefall und Kuß. Kirchliche Lehre und Liturgie hielten sich davon weitgehend frei, man duldete das, weil es für die Ungebildeten förderlich schien. Im Laufe der Zeit hatten sich auch allerlei Legenden um die Bilder gerankt; man glaubte an wunderbar entstandene Bilder (Acheiropoiëta), die das authentische Aussehen Christi, der Gottesmutter und mancher Heiliger überliefert hätten*, man erzählte sich von Lukas, dem Evangelisten und Maler, der die Apostel konterfeit habe, man glaubte an wunderbares Eingreifen der Bilder – wie wir es schon beim Avarensturm auf Konstantinopel kennenlernten – und dehnte dies bis zur Wiederbeschaffung entlaufener Sklaven aus, man wußte von Bildern, die bluteten, wenn ein Araber auf sie schoß, oder aber den Pfeil auf den Schützen zurücklenkten, kurz, die blühende Phantasie des mehr abergläubischen als gläubigen Volkes wand wunderliche Legendenkränze um die von ihm geliebten und verehrten Bilder*. Damit sollte nun radikal Schluß sein, und die Objekte dieser Verehrung und dieser Legenden sollten verschwinden. Das wurde recht energisch praktiziert, und deshalb kennen wir so wenig aus der Zeit vor 730.

Leon III. handelte offenbar aus religiöser Überzeugung und mit dem Anspruch, Kaiser und Priester zugleich zu sein*, worin er das Recht begründet sah, die Kirche nicht nur zu schützen, sondern auch ihre Lehre zu bestimmen, womit er durchaus in der Tradition Konstantins, Justinians I., des Herakleios und vieler anderer Kaiser stand. Er war als erfolgreicher General in Kleinasien stationiert gewesen*, wo er eine scharf gegen die Bilder in der Kirche agitierende Bischofspartei* kennengelernt und sich offenbar deren Argument, Bilderverehrung sei gleichbedeutend mit Götzendienst, zu eigen gemacht hatte*. Dahinter steht ein rigoroses Ernstnehmen des alttestamentlichen Bilderverbotes*. Sein Sohn Konstantin V. ging noch einen Schritt weiter, indem er die Anfertigung von Bildern Christi als böse Ketzerei anprangerte und nur die Eucharistie als Bild Christi anerkannte*. Ein von ihm 754 einberufenes Konzil in Konstantinopel sicherte die theologische Position des Kaisers dogmatisch ab und verbot Bilder Christi als lästerlich und Bilder Mariä und der Heiligen als überflüssig, die Dargestellten erniedrigend und zum Götzendienst verleitend*. Die Zerstörung der kirchlichen Kunst verschärfte sich, Widerstand regte sich nur im Mönchtum, viele Bilderfreunde (Ikonodulen) wichen aus, besonders ins byzantinische Italien, wo Rom auf ihrer Seite stand. Eine theologische Widerlegung der Bilderfeinde versuchte nur Johannes von Damaskus, Mönch im Kloster Mar Saba bei Jerusalem, also im arabischen Machtbereich*. Der Bilderstreit wurde 780 durch den Tod Leons IV. unterbrochen, seine Witwe Irene führte anstelle des Knaben Konstantin VI. die Regentschaft und leitete vorsichtig zur bilderfreundlichen Politik zurück, die auf dem 7. oikumenischen Konzil in Nikaia (Iznik) 787 dogmatisiert wurde: Bilder Christi, Mariä, der Engel und der Heiligen müssen nicht nur in den Kirchen, an den heiligen Gewändern und Gefäßen, an den Wänden und auf Tafeln, in den Häusern und an den Wegen vorhanden sein, um Erinnerung an und Sehnsucht nach den Urbildern zu erwecken, sondern auch durch Gruß, Kuß, Kniefall, Weihrauch und Kerzen verehrt werden, denn »die dem Bild erwiesene Ehre geht auf das Urbild über, und wer vor dem Bild das Knie beugt, beugt damit das Knie vor der Hypostase (Person, Wirklichkeit) des Dargestellten«*. Für eine Generation herrschte an dieser Front Ruhe.

Die erste Phase des Bilderstreites hatte weitere Einbußen in Italien zur Folge. Das Papsttum wandte sich gegen den Kaiser, seinen Landesherrn, und konnte nicht zum Gehorsam gezwungen werden. Als die Langobarden 751 Ravenna eroberten, wandte sich der

Papst an den Frankenkönig um Hilfe, da vom Kaiser keine zu erwarten war. Die Einheit der Kirche war zeitweise zerrissen und auch nach 787 nur notdürftig geflickt, Rom der byzantinischen Herrschaft entzogen, der Exarchat Ravenna verloren. Die Kaiserkrönung Karls des Großen im Jahre 800 fügte dem noch das Problem hinzu, daß nun zwei christliche Kaiser die Welt regierten, beide als Nachfolger der Caesaren, wohl der schwerste Schlag für das byzantinische Selbstverständnis*. Außerdem begannen 781 neue Kämpfe mit den Arabern, die wieder angriffen, und 789 mit den Bulgaren, die, nach der Vernichtung des Avarenreiches durch Karl den Großen 796 von dessen Druck befreit, sich unter Khan Krum (803–14) wieder gegen Byzanz wandten, 811 Kaiser Nikephoros I., der im Kampf fiel, eine Vernichtungsschlacht lieferten, 813 Adrianopel (Edirne) belagerten und vor Konstantinopel zogen. Erst der plötzliche Tod Krums befreite Byzanz von dieser Gefahr, da Khan Omurtag 814 für 30 Jahre Frieden schloß.

Kaiser Leon V., dem das gelang, eröffnete im Jahr danach den Kampf gegen die Bilder erneut. Wieder mußte der Patriarch, Nikephoros, weichen, wieder wurde eine Synode berufen, die die Beschlüsse von 754 wieder in Kraft setzte, wieder wurden die Ikonodulen verfolgt. Neue theologische Argumente kamen von ikonodulischer Seite (Nikephoros, Theodoros Studites), die Ikonoklasten argumentierten nur mit der Staatsgewalt. Diese zweite Phase des Bilderstreites dauerte bis 842: Wieder hinterließ ein ikonoklastischer Kaiser, Theophilos, einen unmündigen Sohn, Michael III., für den seine Mutter Theodora regierte; wieder legte die Kaiserin das Steuer herum, eine von ihr berufene Synode erneuerte 843 die Beschlüsse von 787. Bis heute feiert die Ostkirche den Tag, an dem das proklamiert wurde, den ersten Sonntag der vorösterlichen Fastenzeit, als das »Fest der Orthodoxie«. Der letzte große Glaubenskampf in der Ostkirche war ausgekämpft, Orthodoxie ohne kirchliche Kunst ist seither nicht mehr möglich.

Diese zwei Jahrhunderte schwerster außen- und innenpolitischer Krisen waren keine Epoche, in der die schönen Künste blühen konnten. Wie die Wissenschaft und die Geschichtsschreibung haben auch Dichtung und bildende Künste den schweren Niedergang miterlitten*. Es wurden zwar noch Silbertreibarbeiten her-

»Rennfahrer auf der Quadriga«, um 800 (?), Seide. Aachen, Münster (Dom), Domschatz ▶

gestellt, die als Geschenke an Barbarenfürsten im Ausland gingen*, aber die Produktion wird schwächer und verschwindet gegen Ende des 7. Jahrhunderts aus unserem Gesichtskreis. Es hat auch kaiserliche Kunst gegeben, aber von ihr blieb nichts erhalten. In den Kirchen, die von den religiösen Bildern gereinigt waren, hatte man neue Dekorationssysteme gemalt: Jagdszenen, Tierbilder und ähnliche Darstellungen. Alles das mußte nach 843 der Wiederherstellung der kirchlichen Bildkunst weichen. Wir haben kaum eine Vorstellung, wie die Kunst damals aussah. Vielleicht stammt ein *Goldkelch aus Skodra* (Istanbul, Archäologische Museum) aus der zweiten Phase des Bilderstreites; er könnte als Beispiel für die Tierbilder dienen, die an die Stelle der religiösen Themen getreten waren, ist aber künstlerisch recht unbedeutend, zudem barbarisch beeinflußt, also kein sehr gewichtiges Zeugnis. Auch einige Fragmente von Seidenstoffen mögen in die ikonoklastische Zeit gehören wie zum Beispiel jenes Stück, das einen siegreichen *Renn-*

fahrer in seiner Quadria zeigt. Wenn es, wie man annimmt, aus dem Grabe Karls des Großen stammt, dann liegt nahe, seine Entstehung um 800 anzusetzen; aber leider hat Otto III. um 1000 das Grab öffnen lassen und neue Seidenstoffe hinzugefügt, so daß die Datierung umstritten ist*. Das Wenige schließt sich zu keinem klaren Bild zusammen; für die byzantinische Kunstgeschichte sind es dunkle Jahrhunderte, und es besteht wohl wenig Hoffnung, daß sie je erhellt werden.

Aber außerhalb des Reiches blieb die religiöse Kunst byzantinischer Herkunft lebendig. Da ist einmal Italien zu nennen, wo in Rom die Kirche S. Maria Antiqua das Gotteshaus der griechischen Flüchtlinge wird und wo von 685 bis 752 – mit Ausnahme Gregors II. – nur Päpste aus dem Raum der Ostkirche die Cathedra Petri innehatten. Als ein bezeichnendes Beispiel der byzantinisierenden Malerei in Rom kann das *Kreuzigungsbild* des 8. Jahrhunderts in S. Maria Antiqua angeführt werden, eine etwas steife und harte Arbeit. Künstlerisch weit höher stehen die *Fresken in S. Maria in Castelseprio*, Malereien von unvergleichlicher Ausdruckskraft, Lebendigkeit und an der Antike geschulter Meisterschaft der Komposition wie der Figuren- und Raumgestaltung, mit Gesichtern von porträthafter Lebensnähe und Architekturelementen, die lebhaft an pompejanische Malereien erinnern. Diese Fragmente eines Zyklus der Jugend Christi gehören zu den Kunstwerken höchsten Ranges; ihr Maler kommt zweifellos aus der künstlerischen Welt von Byzanz. Nur ist leider, mangels enger Parallelen, die Datierung arg umstritten, die Vorschläge reichen vom 7. bis zum 10. Jahrhundert*, am wahrscheinlichsten ist wohl eine Ansetzung um oder bald nach 800. Die Fresken von Castelseprio wären dann ein hervorragender Beweis für die Intensität, mit der byzantinische Maler auch in der Fremde das große Erbe der Antike in ihre Gestaltung einbezogen und aus ihm heraus schufen.

Ein anderes Zentrum fortlebender kirchlicher Kunst der Orthodoxie war Palästina. Hier wurden in den Klöstern, den Zentren der Bilderverteidiger, Ikonen geschaffen, die die vorikonoklastische Tradition fortsetzten. Eines der eindrucksvollsten Beispiele ist eine Ikone der *Kreuzigung Christi*, die dem Wandbild von S. Maria Antiqua stilistisch nahesteht. Bedeutsam ist sie vor allem in ikonographischer Hinsicht als die älteste bekannte Darstellung des toten Christus am Kreuz und durch die Zufügung der Dornenkrone, die in den späteren byzantinischen Kreuzigungsbildern keine Rolle spielte, wie sie auch in den älteren Bildern des Themas nicht vorkam. Andere Ikonen vereinfachen die Figurenwiedergabe in eine flache Zeichnung, die sich fast der koptischen Malerei nähert, wie zum Beispiel eine wohl schon ins 9. Jahrhundert gehörige Tafel der *Himmelfahrt Christi*, ein Zeichen einer aus der Isolierung der palästinensischen Christenheit sich ergebenden Erschöpfung; der Impuls zur Fortentwicklung im Sinne der früheren Ikonen ist nicht mehr vorhanden. Aus dieser Phase der künstlerischen Entwicklung in Palästina stammt auch eine Handschrift der *Sacra Parallela*, als deren Autor Johannes von Damaskus galt. Neben die sehr korrekten Schriftkolumnen sind an den Rand der Zeilen in dichter Folge Zeichnungen gesetzt, die mit viel Gold, ein wenig Hellblau und Inkarnat und noch weniger Rot koloriert sind. Die Zeichnung beschränkt sich auf die notwendigsten Linien, die Proportionen sind mißachtet, die Haltungen manchmal steif,

»Kreuzigung Christi«, frühes 8. Jhdt, Tempera auf Holz. Sinai, Katharinenkloster, Nr. 388

»Himmelfahrt Christi«, frühes 9. Jhdt (?), Tempera auf Holz. Sinai, Katharinenkloster

»Geschichte der Rahab« ▶ (Josua 2, 1 ff.), frühes 9. Jhdt, Sepia mit Gold und leichter Kolorierung (aus einer Handschrift der »Sacra Parallela«). Paris, Bibliothèque Nationale, Ms. gr. 923

fast hölzern, die großen Gesichter ohne Ausdruck. Dennoch wirken die sehr knappen, sparsamst mit Architekturandeutungen ausgestatteten Szenen, ohne Landschaftsangaben auf den Pergamentgrund gesetzt, in der dichten Fülle, mit der sie den Text begleiten, ungemein erzählfreudig und frisch. Sie ermöglichen uns eine Vorstellung von jenen Kodices, von denen Patriarch Nikephoros in seiner Verteidigungsschrift gegen die Bilderfeinde schrieb: »Zwischen dem Wort und dem Bild besteht eine solche Gemeinsamkeit, daß man in ein und demselben Buch, wie man oft in sehr alten Kodices sehen kann, nebeneinander dort das gesprochene Wort, hie das gemalte Wort eingezeichnet hat in der Art, daß die Malerei die gleiche Erzählung wie die Schrift bringt«*. Was heute durch diese Handschrift noch belegt ist und sich gelegentlich später in illustrierten Evangeliaren wiederfindet, war also kein Sonderfall, sondern offenbar ein verbreiteter Typus des Miteinander von Wort und Bild.

ΚΑΙ ΠΟΡΕΥΘΕΝΤΕC ΕΙC
ΗΛΘΟΝ ΕΙC ΤΗΝ ΙΕΡΙΧΩ
ΕΙC ΟΙΚΙΑΝ ΓΥΝΑΙΚΟC
ΠΟΡΝΗC Η ΟΝΟΜΑ ΡΑΑΒ
ΚΑΙ ΚΑΤΕΛΥCΑΝ ΕΚΕΙ
ΚΑΙ ΑΠΗΓΓΕΛΗ ΤΩ
ΒΑCΙΛΕΙ ΙΕΡΙΧΩ ΛΕΓΟΝ
ΤΩΝ· ΕΙCΠΕΠΟΡΕΥΝΤΑΙ
ΩΔΕ ΑΝΔΡΕC ΤΩΝ ΥΙ
ΩΝ ΙΗΛ ΚΑΤΑCΚΟΠΕΥ
CΑΙ ΤΗΝ ΓΗΝ· ΚΑΙ ΑΠΕ
CΤΕΙΛΕΝ Ο ΒΑCΙΛΕΥC ΙΕ
ΡΙΧΩ· ΚΑΙ ΕΙΠΕΝ ΠΡΟC
ΡΑΑΒ ΛΕΓΩΝ· ΕΞΑΓΑΓΕ
ΤΟΥC ΕΙCΠΟΡΕΥΘΕΝΤΑC
ΕΙC ΤΗΝ ΟΙΚΙΑΝ CΟΥ ΤΗΝ
ΝΥΚΤΑ· ΚΑΤΑCΚΟΠΕΥ
CΑΙ ΓΑΡ ΤΗΝ ΓΗΝ ΗΚΑ
CΙΝ· ΚΑΙ ΛΑΒΟΥCΑ Η ΓΥ
ΝΗ ΤΟΥC ΑΝΔΡΑC ΕΚΡΥ
ΨΕΝ ΚΑΙ ΕΙΠΕΝ· ΕΙCΕΛΗ
ΛΥΘΑCΙΝ ΠΡΟC ΜΕ ΟΙ ΑΝΔΡΕC·
ΩC ΔΕ Η ΠΥΛΗ ΕΚΛΕΙΕΤΟ ΕΝ
ΕΝ ΤΩ CΚΟΤΕΙ ΚΑΙ ΟΙ ΑΝ
ΔΡΕC ΕΞΗΛΘΟΝ· ΚΑΙ ΟΥ
ΚΕΤΙ ΕΠΙCΤΑΜΑΙ ΠΟΥ ΠΕ
ΠΟΡΕΥΝΤΑΙ· ΚΑΤΑΔΙΩ
ΞΑΝΤΕC ΟΠΙCΩ ΑΥΤΩΝ·
ΚΑΤΑΛΗΨΕCΘΕ ΑΥ
ΤΟΥC· ΑΥΤΗ ΔΕ ΑΝΕΒΙ
ΒΑCΕΝ ΑΥΤΟΥC ΕΠΙ ΤΟ
ΔΩΜΑ· ΚΑΙ ΕΚΡΥΨΕΝ
ΕΝ ΤΟΙC ΞΥΛΟΙC ΤΗC ΛΙ
ΝΟΚΑΛΑΜΗC ΤΗC ΕCΤΟΙ
ΒΑCΜΕΝΗC ΑΥΤΗ ΕΠΙ
ΤΟΥ ΔΩΜΑΤΟC· ΚΑΙ ΟΙ ΑΝ
ΔΡΕC ΚΑΤΕΔΙΩΞΑΝ
ΟΠΙCΩ ΑΥΤΩΝ ΟΔΟΝ
ΤΗΝ ΕΠΙ ΤΟΥ ΙΟΡΔΑΝΟΥ
ΕΠΙ ΤΑC ΔΙΑΒΑCΕΙC· ΚΑΙ
ΕΓΕΝΕΤΟ ΩC ΕΞΗΛΘΟΝ
ΟΙ ΔΙΩΚΟΝΤΕC· ΑΥΤΗ
ΑΝΕΒΗ ΠΡΟC ΑΥΤΟΥC
ΕΠΙ ΤΟΥ ΔΩΜΑΤΟC· ΚΑΙ
ΕΙΠΕΝ ΑΥΤΟΙC· ΤΗΝ Ο
ΡΙΝΗΝ ΑΠΕΛΘΑΤΕ·
ΜΗ CΥΝΑΝΤΗCΩCΙΝ
ΟΙ ΚΑΤΑΔΙΩΚΟΝΤΕC·
ΚΑΙ ΚΡΥΒΗCΕCΘΕ ΕΚΕΙ
ΤΡΕΙC ΗΜΕΡΑC· ΕΩC ΑΝ
ΑΝΑCΤΡΕΨΩCΙΝ ΟΙ
ΚΑΤΑΔΙΩΚΟΝΤΕC:

[illegible] Δ ΙΩΗ Κ ::

ΕΙΠΕΝ ΚC ΠΡΟC CΑΜΟΥ
ΗΛ ΠΛΗCΟΝ ΤΟ ΚΕΡΑC
ΤΟΥ ΕΛΑΙΟΥ· ΚΑΙ ΔΕΥ
ΡΟ ΑΠΟCΤΕΙΛΩ CΕ ΠΡΟC
ΙΕCCΑΙ ΕΩC ΕΙC ΒΗΘΛΕ
ΕΜ ΟΤΙ ΕΩΡΑΚΑ ΕΝ ΤΟΙC
ΥΙΟΙC ΑΥΤΟΥ ΕΜΟΙ ΕΙC
ΒΑCΙΛΕΑ· ΚΑΙ ΕΙΠΕΝ
CΑΜΟΥΗΛ ΠΩC ΠΟΡΕΥ
ΘΩ· ΚΑΙ ΑΚΟΥCΕΤΑΙ
CΑΟΥΛ ΚΑΙ ΑΠΟΚΤΕ
ΝΕΙ ΜΕ· ΚΑΙ ΕΙΠΕΝ ΚC
ΔΑΜΑΛΙΝ ΒΟΩΝ ΛΑΒΕ
ΕΝ ΤΗ ΧΕΙΡΙ CΟΥ· ΚΑΙ
ΕΡΕΙC ΘΥCΑΙ ΤΩ ΚΩ
ΗΚΩ· ΚΑΙ ΚΑΛΕCΕΙC
ΤΟΝ ΙΕCCΑΙ ΚΑΙ ΤΟΥC
ΥΙΟΥC ΑΥΤΟΥ ΕΙC ΤΗΝ
ΘΥCΙΑΝ ΚΑΙ ΧΡΗCΕΙC

»Verkündigung an Maria«, um 800, Seide (aus dem Schatz von Sancta Sanctorum). Rom, Città del Vaticano, Museo Cristiano

Wahrscheinlich stammen auch die Seidenfragmente mit den Bildern der *Verkündigung* und der *Geburt Christi* (Rom, Kapelle Sancta Sanctorum, Schatz), dem Liber Pontificalis zufolge ein Geschenk Papst Leos III. (795–806), aus dem gleichen Kunstkreis, wenn auch die Webtechnik einen Stilvergleich der Figurendarstellung mit Malereien nicht zuläßt; vor allem die Ornamentik, die der des Felsendomes in Jerusalem nahesteht und wie diese auf iranisch-sassanidische Vorbilder zurückgeht, legt den östlichen Ursprung nahe, der sich dann wohl bei der Lage im Byzantinischen Reich ehestens in Palästina oder Syrien, seit altersher Zentren der Seidenweberei, konkretisieren läßt.

DIE MITTELBYZANTINISCHE KUNST

Die Malerei

Es bedurfte nach der Wiederherstellung der Bilderverehrung noch geraumer Zeit, ehe die kirchliche Kunst wieder in großem Rahmen beginnen konnte. Zu gründlich war das Vergangene zerstört, zu tief die Tradition unterbrochen, als daß ein sofortiger Wiederbeginn möglich gewesen wäre. Schon 787 hatte ein Bischof auf dem Konzil gesagt: »Wir sind in dieser Häresie [Bilderfeindschaft] geboren, erzogen und aufgewachsen«*. Bis zum endgültigen Sieg der Ikonodulen vergingen abermals zwei Generationen. War schon am Ende der ersten Phase des Bilderstreites ein großer Teil des höheren Klerus den Bildern zutiefst entfremdet, so konnte das Mitte des 9. Jahrhunderts schwerlich anders sein. Kirchliche Kunst aber war Auftragskunst. Wo die potentiellen Auftraggeber der Auftragsvergabe derart entwöhnt waren, benötigten sie beträchtliche Zeit der Umgewöhnung und des Umdenkens. Daß zudem der Ikonoklasmus noch keineswegs in der Kirche ganz überwunden war, ersieht man daraus, daß die Konstantinopler Synode von 869–70 nochmals ausdrücklich seine Anschauungen verurteilte und die Verehrung des Christusbildes einprägte.

Hinzu kam, daß die Zeit nach Theophilos' Tode politisch keineswegs ruhig war. Palastintrigen um die vormundschaftliche Herrschaft, Streitigkeiten zwischen Patriarchat und Mönchtum, Streit um die Rechtmäßigkeit der Erhebung des Photios zum Patriarchen 858 und Streit mit dem Papsttum um die Missionierung der Bulgaren, der erneut zum Schisma mit Rom führte, hielten die Innenpolitik in Unruhe. Außenpolitisch war kaum weniger Bewegung. Die arabische Eroberung Siziliens hatte schon 827 begonnen, 831 war Palermo gefallen, um 860 gehörten dem Reich nur noch Taormina und Syrakus. In Kleinasien waren die Kämpfe mit den Arabern wieder aufgeflammt, erst ein großer Sieg im Jahre 863 eröffnete die Möglichkeit, von der Defensive wieder zur Offensive überzugehen. Schon 860 war ein neuer Feind aufgetreten: Zum ersten Male hatten die Kiever Rus Konstantinopel angegriffen und waren mit Mühe abgewehrt worden. Durch einen regelrechten Feldzug mußten die Slaven auf der Peloponnes zur Botmäßigkeit gebracht werden, um die Reichshoheit in der engsten Nachbarschaft der Kaiserstadt endlich wiederherzustellen. All das konnte zur Wiederbelebung der so lange unterdrückten kirchlichen Kunst kaum die nötige Ruhe und den erforderlichen Spielraum lassen.

Die ältesten Malereien, vielleicht noch in ikonoklastischer Zeit vor 837 entstanden*, sicher aber vor der großen Wende des Jahres 867, finden sich in drei *Psalterien* mit Randminiaturen, die unter dem Erleben der zweiten Phase des Ikonoklasmus oder während des Nachzitterns der durch sie hervorgerufenen Spannung geschaffen wurden*. Mit der Kunst der nächsten Generation weder im Stil noch in vielen Besonderheiten der Ikonographie verbunden, stehen sie als Werke einer ungemein expressiven Malerei in leuchtenden Farben völlig allein. Sie scheinen an frühbyzantinische Arbeiten von der Art des Kästchendeckels von Sancta Sanctorum oder des Evangeliarfragmentes aus Sinope anzuknüpfen, die Proportionen sind gedrungen, die Gesichter oft häßlich, aber voller Ausdruck, die Gewänder mit großen Lichtflecken besetzt, ohne daß dadurch die Körper an Volumen gewännen. Die Szene der *Verleugnung des Petrus* mit dem riesigen krähenden Hahn

»Gefangennahme Christi« und »Verleugnung durch Petrus«, 2. Drittel 9. Jhdt, Miniaturen auf Pergament (aus einem Psalter). Athos, Pantokrator-Kloster, Kod. 61

und dem sich verzweifelt die Ohren zuhaltenden Apostel, der sich wie im Krampf vorbeugt, ist eine der ergreifendsten Darstellungen dieses Themas, von einer Dramatik, wie sie sich in der byzantinischen Kunst nicht wieder findet (Psalter im Athos-Kloster Pantokrator). Das Bild der *Himmelfahrt Christi* im gleichzeitigen *Chludov-Psalter* weicht von allen älteren Wiedergaben dieses Themas und den meisten jüngeren deutlich durch die Darstellung des äußeren und des inneren Himmels und die von Engeln aufgehaltenen Himmelstore ab. Beide Psalterien (das dritte ist nur ein Fragment) haben eine Fülle von Szenen, die sich in ähnlicher Form später nirgends wiederfinden oder doch der üblichen Ikonographie angeglichen sind. Diese völlige Eigenständigkeit kann man vielleicht als Argument dafür verwenden, daß diese Psalterien noch einer Zeit angehören, in der der Kampf um das Recht der Kunst in der Kirche noch nicht ausgefochten ist und die Bildinhalte noch nicht festgelegt waren. Sie könnten dann nur aus Mönchskreisen stammen, ehestens aus der Umgebung des abgesetzten Patriarchen Nikephoros († 829 im Exil), der in den Miniaturen auch verherrlicht wird.

Die große Kunst beginnt mit der Herrschaft der makedonischen Dynastie: Basileios I., von Michael III. zum Mitkaiser erhoben, ließ seinen Gönner 867 ermorden und wurde so Alleinherrscher. Ihm gelang die rasche Festigung des Reiches, indem er die dalmatinischen Städte in den Reichsverband zurückholte, deren slavisches Hinterland zur Anerkennung seiner Oberhoheit brachte und dessen Christianisierung einleitete, gegen die Araber zur Offensive überging, das byzantinische Süditalien zurückgewann und das Fürstentum Benevent als Protektorat annahm. Zugleich erlebte er die Genugtuung, daß die Bulgaren, die schon zur Zeit Michaels III. das Christentum von Byzanz her empfangen, sich dann aber Rom zugewandt hatten, zur Orthodoxie zurückkehrten und sich damit der byzantinischen Kultur endgültig öffneten. Aber nicht nur die politische Macht des Reiches nahm beträchtlich wieder zu, auch die Kultur durfte sich kaiserlicher Förderung erfreuen. Während Basileios sich auf die Erneuerung des Rechtes konzentrierte, wirkte Photios, 867 als Patriarch abgesetzt, aber 877 zurückberufen, an der Erhaltung und Fruchtbarmachung der antiken Literatur und Wissenschaft. Mit ihm setzt die große und weit über Byzanz hinausweisende Leistung der Gelehrten der makedonischen Renaissance ein, die nahezu alles, was wir heute noch von altgriechischer und frühbyzantinischer Philosophie, Wissenschaft und Dichtung kennen, gesammelt und bewahrt haben*. Unter diesem Kaiser und seinem gelehrten Patriarchen beginnen nun auch wieder die Zeugnisse der Mosaikkunst und der Buchmalerei.

Schon in Photios' erster Zeit als Patriarch, also vor 867, hatte die Wiederausschmückung der Hagia Sophia in Konstantinopel mit figürlichen Mosaiken begonnen. In der Apsis entstand die große *Thronende Madonna*, gleichsam eine Programmfigur hauptstädtischen Kunstwollens. In strenger Haltung sitzt Maria hoch aufgerichtet auf der kissenbelegten Thronbank und hält den Jesusknaben zart und vorsichtig vor die Achse ihres Leibes; dieser, ein kleiner Erwachsener, segnet mit der Rechten und stützt mit der Linken eine Buchrolle auf. Beide sind antik gewandet, Maria im kaiserlichen Purpur, Christus in Gold. Ruhige, erhabene Majestät strahlt von dem Mosaik aus. Sitzmotive und Proportionen – bis auf die zu kleinen Köpfe, eine bezeichnende byzantinische Eigentümlichkeit – sind ausgezeichnet gelöst, die Gesichter klar, schön und ausdruckslos; Körper und Gewänder wirken plastisch, der Faltenfluß ist organisch. Bewußtes Anknüpfen an vorikonoklastische Gestaltung führt zu einem kühlen, erhabenen Klassizismus.

»Madonna mit Kind«, um 850/66, Mosaik. Istanbul, Hagia Sophia, Apsis

»Paulus«,
um 886,
Mosaik.
Thessalonike,
Hagia Sophia,
Kuppel

Völlig anders ist das Stilwollen in der Hagia Sophia in Thessalonike, deren Kuppelmosaik, eine Umsetzung des Himmelfahrtsbildes, wie es die Sinai-Ikone des 9. Jahrhunderts zeigte, in das Rund der Kuppel, um 886 entstand. Auf irrealen, bunten, zungenförmigen Schollen stehen die schlanken Gestalten, steif, mit eckigen Bewegungen. Ein rein graphisches Liniennetz umspannt die Gewänder; Körperlichkeit fehlt den Figuren, da das Spiel von Licht und Schatten nur ornamentale Bedeutung hat; das Faltengefüge wird nicht vom Stoff und dem Leib unter ihm bestimmt, sondern ist von ihnen unabhängig und zerlegt sie in einzelne, umgrenzte geometrische Partien. Liegt darin schon ein krasser Gegensatz zur Madonna der »Großen Kirche« der Hauptstadt, so prägt sich dieser ebenso klar in den häßlichen, stark durchgezeichneten Gesichtern aus, die mehr mit den thessalonizensischen Mosaiken des 7. Jahrhunderts als mit den etwas älteren konstantinopolitanischen verbindet. Geradezu gezielt wird hier alles Schöne, Natürliche, Körperhafte vermieden. Wieder erkennen wir in den beiden Mosaiken der gleichen Epoche die Doppelgesichtigkeit der byzantinischen Kunst, die sofort durchbricht, sobald wir wieder anspruchsvollen, repräsentativen Kunstwerken begegnen. Das hat nichts zu tun mit dem Gegensatz von Hauptstadt und Provinz, erst recht nicht mit der unterschiedlichen Ästhetik vom Kaiserhof und dem aus dem Mönchtum kommendem höheren Klerus, wie man gemeint hat – Thessalonike war die zweitgrößte Stadt des Reiches, ein bedeutendes Wirtschafts- und Kulturzentrum mit eigener Tradition, an die hier angeknüpft wurde. Dahinter stand eine grundsätzlich verschiedene Haltung zur Antike, die den einen, die durchaus auch in der Provinz sitzen konnten, verpflichtendes Vorbild blieb – in höchstem Maße natürlich in dem großen Freiluftmuseum Konstantinopel –, während die anderen eine eigene, von ihr unabhängige Ausdrucksform pflegten.

In der Buchmalerei können wir in zwei großen und reich illustrierten Kodices ein Scriptorium fassen, das für den Kaiser selbst gearbeitet hat. Der eine enthält die »Christliche Topographie« des

Alexandriners Kosmas Indikopleustes, einen recht merkwürdigen und ketzerischen Text* aus dem 6. Jahrhundert, der offenbar von Anfang an illustriert gewesen ist und nun in einer Prachthandschrift kopiert wurde. Daß auch die Miniaturen zum Teil von den uns verlorenen Vorbildern des 6. Jahrhunderts abhängen, beweisen zwei jüngere Handschriften desselben Werkes, die dem Urtyp näherstehen. Der Miniaturist des späten 9. Jahrhunderts hat seine Bilder dem Format seiner Seiten angepaßt und versucht sie kompositorisch zu ordnen, wobei er an der kontinuierlichen Darstellungsweise* nichts änderte, die sein Vorbild wohl enthielt. So stellt er zum Beispiel Paulus in die Mitte eines schlicht gerahmten Feldes, gleichsam als Leitmotiv des Bildes. Links davon wird der von zwei Jünglingen begleitete Saulus vor dem verkürzten Stadtbild von Jerusalem von zwei roten Strahlen getroffen; vor dieser Gruppe liegt er in Proskynese; rechts von der Mittelfigur geht er mit Ananias, der auf ihn einredet, vor dem Stadtbild von Damaskus nach rechts ab. So wird das Damaskuserlebnis, durch das Saulus zum Paulus wurde*, um die Zentralfigur des Völkerapostels in drei Szenen erzählt. Diese kontinuierliche Darstellungsweise stammt aus der Illustration der Schriftrolle, der alten Form des Buches, und ist hier für den Kodex durch die Zentralisierung der etwas unausgewogenen Komposition umgeformt*, die vor den leeren Bildgrund gesetzt ist. Die Figuren sind gut proportioniert, in Stellung und Haltung zurückhaltend nach dem antiken Figurenkanon aufgebaut, Licht und Schatten sind sehr ornamental verteilt und scharf abgegrenzt, ohne daß dadurch die Körperhaftigkeit der Gestalten zerstört würde, die Gesichter sind etwas derb und ausdrucksarm. Der helle Bildgrund und die pastelligen Farben verleihen dem Bild etwas Lichtes, das über die Schwäche der Komposition hinwegtäuscht und die Fähigkeit des Miniators in der Figurendarstellung unterstreicht. Wirkt diese Art der Buchmalerei noch suchend, nach der eigenen Form tastend, so haben die Miniatoren der anderen Handschrift, einer Auswahlsammlung von *Homilien Gregors von Nazianz**, die sicher in der gleichen Werkstatt entstand, einen großen Schritt voran getan. Der Kodex ist für die kaiserliche Familie geschaffen worden, deren Bildnisse er enthält, und kann in die Jahre zwischen 880 und 886 datiert

◀ »Bekehrung des Saulus«, um 870/80 (aus einer Kosmas-Indikopleustes-Handschrift). Rom, Città del Vaticano, Biblioteca Vaticana, Ms. gr. 699

werden*. Seine ganzseitigen Bilder sind nach unterschiedlichen Prinzipien aufgeteilt, in mehrere Streifen, in kleine hochrechteckige Bildfelder oder in ganzseitige Kompositionen. Alle stehen vor blauem Grund, ihre Farben sind dunkler und kräftiger als in der Kosmas-Handschrift. Der Figuren- und Gewandstil unterscheidet sich kaum von jener, ist nur in einem Teil der Bilder etwas derber. Die Einbeziehung von Landschafts- und Architekturmotiven schließt die Kompositionen zusammen und schafft mit dem intensiven Blau des Grundes anstelle des abstrakten einen imaginären Bildraum. In diesem agieren die Figuren, nicht selten recht bewegt, dabei in der Größe – je nach ihrer Bedeutung – differenziert, worunter aber die Geschlossenheit der Komposition nicht leidet, so daß sich insgesamt in sich geschlossene Bilder ergeben, die knapp, aber treffend das jeweilige Ereignis umreißen, manchmal recht dramatisch wie zum Beispiel beim *Tod des Julianus Apostata*, der, von der Lanze des hl. Merkurios getroffen, vom Pferd, das davongaloppiert, rücklings zu Boden gestürzt ist*. Die kontinuierliche Darstellung fehlt in dem Kodex nicht, ist aber selten geworden; in dem erstaunlichsten Bild der Handschrift, der *Vision Ezechiels vom Tal der Totengebeine**, ist sie angewendet: In dem durch vier rahmende Füllhörner gebildeten Oval erblicken wir eine düstere, wilde und zerklüftete Felslandschaft, in der Totenschädel und Knochen herumliegen; im Vordergrund rechts führt ein Engel den Propheten heran, links im Hintergrund steht Ezechiel in dem Tal, von eigenartigem Rot umleuchtet, und empfängt mit betend erhobenen Händen von der göttlichen Hand Segen und Erleuchtung. Das wüste Gebirge, dessen Spitzen zum Teil im Widerschein der Himmelsröte liegen, das matte Grün des Tales, die bizarren vertrockneten Bäumchen auf der Höhe, die Röte des Himmels, die Wolkenfetzen und die Skelettreste verdichten sich zu einem Bilde von bedrückender abendlicher Atmosphäre, in die nur das Abendrot einen Lichtakzent setzt. In diese Landschaft stellte der Miniator seine Figuren, in denen, besonders im betenden Ezechiel, das antike Menschenbild wieder aktualisiert wird. Fein unterscheidet er den Himmelsboten in seinen leichten, in sich spätgotisch anmutenden Falten kräuselnden Gewändern, mit seiner lebendigen Haltung und der zarten Neigung des Kopfes von dem sich schwer bewegenden, zögernd schreitenden Propheten, dessen hörend hingebende Haltung im Gespräch mit Gott wohl die großartigste Darstellung des Prophetenideals ist, die Byzanz je geschaffen hat. Das ist weit entfernt von dem tastenden Versuch der Umgestaltung alter Vorbilder im Paulus-Bild des Kosmas-Kodex; dieser Miniator hat ein einmaliges, in sich geschlossenes Kunstwerk geschaffen, das weit über die anderen Miniaturen dieser Handschrift hinausragt.

Nach diesem Auftakt erreicht diese Stilrichtung ihren Höhepunkt in dem Pariser Psalter, der, in der ersten Hälfte des 10. Jahrhunderts illuminiert, zum Vorbild vieler jüngerer Psalterien wurde. Seine Miniaturen lassen verstehen, warum man diese Periode die »makedonische Renaissance« genannt hat: »Makedonisch« nach der Kaiserdynastie, die mit Basileios I. den Thron an sich riß, und »Renaissance« wegen ihrer großen Nähe zur Antike. Noch einmal muß der Begriff »Renaissance«, der – für eine Kulturepoche des katholischen Europa als rühmende Benennung im Gegensatz zum »finsteren Mittelalter« aus dem Vollgefühl des Humanismus geschaffen, erst in ihr die wahre Kultur geweckt, wiedergeboren zu haben – nicht für Byzanz passen will, zurechtgerückt werden. In Byzanz gab es keine Rückwendung zur Antike nach Jahrhunderten, in denen man sich ihr zutiefst entfremdet hatte. Die griechische Antike und das römische Recht waren das unverlierbare Erbe, das wohl gelegentlich etwas vernachlässigt, aber nie aufgegeben wurde, das man bis zum Untergang des Reiches bewahrte und später durch eine große Zahl bedeutender Gelehrter nach Italien rettete, wo es den Grundstock des neuen abendländischen Humanismus bildete. In der Zeit der Makedonenkaiser konnte man, nach zwei Jahrhunderten voller Kriegszeiten und innerem Streit wieder zu mehr Ruhe und Sicherheit gelangt, die Pflege des verpflichtenden Erbes wiederaufnehmen, das auch in jener dunklen Zeit nie ganz zu leuchten aufgehört hatte. Georgios Pisides hatte den Heldenkampf des Herakleios im alten epischen Stil besungen*; die ikonoklastischen Kaiser Leon III. und Konstantin V. hatten an der Revision der Überlieferung des römischen Rechtes gearbeitet*, private Lehrer Philosophie und Wissenschaft der Alten weitergegeben*; Kaisar Bardas, Onkel Michaels III., förderte die Pflege dieser Wissenschaften lebhaft, der gelehrte Photios sammelte einen Kreis um sich, in dem man antike Autoren las und diskutierte*. Wenn der Strom antiker Überlieferung auch manchmal arg verdünnt war, weil Überleben wichtiger war als Studieren, ganz versickert war er nie. Man hatte dafür sogar gute Argumente zur Hand, die das von dem Heidentum der alten Griechen verschreckte christliche Gewissen beruhigen konnten: Der als großer Heiliger verehrte Kirchenvater Basileios, der im Jahr 379 gestorben war, hatte das Studium der antiken Autoren, besonders der Philosophen, als Schulung für die Denkarbeit im Dienste der Kirche für notwendig erklärt*, der Bilderverteidiger Johannes von Damaskus in seinem dogmatischen Hauptwerk »Quelle der Erkenntnis« eine philosophische Einleitung gegeben, die ganz auf der antiken Philosophie aufbaute*, und wem das noch nicht reichte, der konnte sich daran halten, daß Gott die Evangelien in griechischer Sprache für seine Kirche schreiben ließ und damit gleichsam posthum das vorchristliche Griechentum absegnete*. Wir müssen dazu noch einen Wesenszug byzantinischen Denkens herausstellen, der eng mit dieser Einstellung zur Antike zusammenhing und auch für die Kunst nicht ohne Bedeutung war: die uneingeschränkte Hochachtung vor dem, gleich von welcher Autorität, approbierten »Alten« und das abgrundtiefe Mißtrauen gegen Neuerungen, die Ablehnung des »Neuen«, wobei man freilich das vorchristliche »Alte« nur so weit annahm, als es mit der christlichen Lehre vereinbar war, und das »Neue« gelegentlich so zurechtbog, daß man es als »alt« an den Mann bringen konnte. Mit der Kennzeichnung als »Neuerung« hat man in der Kirche alles abschmettern können, was nicht genehm war; mit ein paar aus dem Zusammenhang gerissenen Zitaten aus den Schriften anerkannter »Alter« konnte man Neues als »alt« unterschieben – aber das blieb selten; vorherrschend war ein strenger Konservativismus, der Dogma und Wissenschaft auf dem Status einfror, den sie in der späten Antike erreicht hatten, Weiterdenken verketzerte und sich im Tradieren und Kommentieren erschöpfte. Die Befreiung des Denkens durch den Humanismus fand in Byzanz nicht statt, sein Humanismus war Jahrhunderte hindurch Bindung. Wer eigene, neue Gedanken wagte, verfiel der

Verketzerung von Amts wegen und wurde damit ausgeschaltet*. Es liegt auf der Hand, wie wenig sich byzantinische »Renaissancen« also mit jener Epoche europäischer Geistesgeschichte vergleichen lassen, die wir »die Renaissance« zu nennen gewohnt sind. Aber etwas geschah in der »makedonischen Renaissance«, ohne das »die Renaissance« nicht so denkbar wäre, wie sie war: Man sammelte antike Autoren, betrieb an ihnen Textkritik, um Fehler der handschriftlichen Überlieferung auszumerzen, stellte die Textformen her, die wir kennen. Einer der bedeutendsten Männer, die daran arbeiteten und arbeiten ließen, war Arethas, Metropolit von Kaisareia in Kappadokien († 944?). Er schickte seine Agenten überall herum, um Papyrusrollen klassischer Texte zu beschaffen, reiste selbst mit kaiserlicher Unterstützung zum gleichen Zweck nach Syrien und ließ das gesammelte Material in seinem Scriptorium nach textkritischer Durcharbeitung abschreiben. Von seinen Textausgaben, den ältesten, die wir besitzen, haben sich manche Handschriften erhalten; einige Autoren seien genannt, deren Texte wir ihm verdanken: Euklid, Platon, Aristeides, die Kategorien des Aristoteles, Lukian, Homers Ilias und andere*. Die Generation nach ihm schuf, unter Vorantritt des Kaisers Konstantin VII. Porphyrogennetos, kompendienartige Sammlungen antiker Autoren: taktische, landwirtschaftliche, tierärztliche, medizinische und, vom Kaiser selbst gesammelt, das Hofzeremoniell betreffende Corpora*. Die Erklärung dieses Phänomens eines geradezu fanatischen Sammelns des antiken Erbes, das zugleich ein Ausscheiden des nicht Genehmen ist (von Aischylos zum Beispiel befand man von rund 90 Dramen nur sieben der Überlieferung für wert*), ist einfach: Das Haus mit dem altehrwürdigen Namen »Reich der Römer« war großenteils von Eindringlingen gesäubert oder diese waren assimiliert worden; in kleinerem Umfang war es repariert und restauriert; nun richtete man es mit dem altgewohnten Inventar wieder ein, aus dem das unbrauchbar Gewordene oder als solches Angesehene aussortiert wurde, das andere, das man benutzen wollte, aber aufpoliert und als altes Familiengut in Ehren gehalten. Man war wieder richtig zuhause, in der anheimelnden Umgebung, in der man sich wohl fühlte und von der man Neues fernhielt.

»David als Hirte«, frühes 10. Jhdt, Miniatur (aus einem Psalter). Paris, Bibliothèque Nationale, Ms. gr. 139

Wie sehr man in der Antike zuhause war, zeigt der Pariser Psalter. Schon die erste Miniatur, der den *Psalter spielende David bei seiner Herde*, ist ein klassisches Lehrbeispiel: Antik gewandet sitzt der schöne Jüngling in gekonnt wiedergegebener Haltung in einer Landschaft, die lebhaft an pompejanische Malereien erinnert und einen echten Bildraum mit Atmosphäre schafft; um David herum Gestalten, die man in einem biblischen Bild kaum erwartet: Melodeia sitzt neben ihm, klassisch gekleidet und in klassischer Haltung, und klopft ihm den Takt auf die Schulter, die Nymphe Echo schaut hinter einer Säule hervor, ein Jüngling, der Berggott Bethlehem, Symbol der Stadt Davids, lauscht dem Gesang, ein männlicher Halbakt hellenistischer Gestalt und Schönheit. Solche antiken Personifikationen begegnen in dem Kodex häufig, so im *Kampf Davids mit Goliath* die Stärke und die Prahlerei, im *Gesetzesempfang Mosis* der Berggott Sinai, *im Durchzug durch das Rote Meer* der Abgrund, ein Jünglingsakt, der Pharao in die Tiefe stößt (das ist eine der wenigen Personifikationen, die schon im Gregor-Kodex Basileios' I. auftritt); am bezeichnendsten

»Szenen aus der Geschichte Josuas«, frühes 10. Jhdt, kolorierte Sepiazeichnung. Rom, Città del Vaticano, Biblioteca Vaticana, Pal. gr. 431 ▶

aber ist das Bild des *Gebetes Jesajas**: Den Propheten überragt die hinter ihm stehende düstere Gestalt der Nacht, eine ganz und gar klassische Himmelsgöttin mit gesenkter Fackel, vor ihm kommt ein Knäblein mit erhobener Fackel heran und begrüßt Jesaja mit erhobener Hand; beischriftlich ist er als Morgendämmerung bezeichnet, ist also die Personifikation des nahenden jungen Tages; diese Gestalt entstammt nicht dem antiken Repertoire, das der Miniator so reichlich ausgeschöpft hat, er hat sie ad hoc erfunden, um eine kompositorische Lücke zu füllen*. So völlig lebt dieser Maler in der antiken Geisteshaltung, daß er aus ihr heraus dem reichen Bestande ohne Schwierigkeiten eine neue Personifikation hinzugesellen kann.

Solche ursprünglich heidnischen Gestalten, nun zu Symbolen für Naturgegebenheiten umfunktioniert, und »pompejanische« Architektur- und Baumstücke sind in der Buchmalerei auch sonst sehr beliebt. Besonders häufig erscheinen sie als Landschaftspersonifikationen in einer Bildrolle, die die *Josua-Geschichte* illustriert und mit ausgewählten Textabschnitten erläutert*. Im Unterschied zu den übrigen Buchillustrationen der Zeit enthält der Rotulus, ein Unikum in der Buchmalerei der Zeit, keine Miniaturen, sondern nur teilweise kolorierte Sepiazeichnungen von überragender Feinheit, die großenteils vor leerem Grunde stehen, nicht durch einen Bildraum zusammengehalten werden, sich aber trotzdem zu einer in sich geschlossenen, eindrucksvollen Erzählungsfolge zusammenfügen.

Wiederaufnahme klassischer Motive anderer Art finden wir in einem Evangeliar (Athos-Kloster Stauronikita, Cod. 43) aus etwa der gleichen Zeit. Die Evangelisten dieser Handschrift sind Kopien

von hellenistischen Sitzstatuen von Philosophen, Rhetoren oder Dichtern. Sie sitzen an ihren Schreibpulten im Freien vor einer Architektur, die ebenfalls aus antiken Vorbildern übernommen ist und hinter der zarte Baumandeutungen hervorragen; *Markus* zum Beispiel arbeitet in einer halbkreisförmigen Nische, einer Exedra, wie wir sie aus römischer Gartenarchitektur kennen; hinter dieser Exedra steht ein Bauwerk, zwei Rundtürme mit einer Pergola dazwischen, eine typische Villa rustica der Spätantike. Licht und Schatten geben der Figur wie der Architektur plastisches Relief. Der Miniator gehört zu den bedeutendsten Vertretern der »makedonischen Renaissance«, er gestaltet mit den Mitteln der klassischen Malerei in überzeugender Meisterschaft, selbst die Gesichter sind so empfunden wie die hellenistischen Idealporträts jener Sitzstatuen, die er zum Vorbild wählte.

Als Gegenstück zu dieser Gestaltung eines christlichen Themas kann ein heidnisches dienen, der in einem Garten spazierende *Pan* einer Nikandros-Handschrift des 10. Jahrhunderts (Paris)*; man ist versucht, an eine Antikenkopie zu denken, wie auch bei der Szene auf der gegenüberliegenden Seite, die die Absperrung eines von Schlangen verseuchten Gartens zeigt, bei der besonders die Frau in Gewandung und Frisur ganz hellenistisch wirkt. Da andere Miniaturen der Handschrift eher wie Kopien nach spätantiken Vorbildern aussehen, dürften wir hier wirklich eine die Miniaturen einer weit älteren Nikandros-Ausgabe nachgestaltende Arbeit vor uns haben.

Eine andere Art des biblischen Autorenbildes begegnet in dieser Zeit auch, zum Beispiel in einer Handschrift der Apostelgeschichte und der neutestamentlichen Briefe (Oxford) aus der Mitte des 10. Jahrhunderts: Die Apostel, antiken Sitzstatuen nachempfunden, sind inmitten ihres Mobiliars vor einen Goldgrund gesetzt. Zwischen der sehr körperhaft wiedergegebenen Sitzfigur und dem abstrakten Grund besteht eine ausgesprochene Diskrepanz, deren Ursache zweifellos darin zu suchen ist, daß man die heilige Gestalt als dem irdischen Leben entnommen und in den Glanz der Ewigkeit versetzt vor Augen führen will.

Einen Schritt weiter führt die Malerei in der *Bibel des Patrikios Leon** aus dem dritten Viertel des 10. Jahrhunderts. Die Figuren sind schlanker, die Gesichter weniger schön, die Haltungen weniger elegant. Besonders die älteren Gesichter, wie zum Beispiel das des Eleazar in der Szene, da der Schriftgelehrte mit den sieben Brüdern und deren Mutter vor Antiochos stehen*: Das schmale Antlitz ist deutlich als alt gekennzeichnet, die Kontur von Haar und Bart ist aufgelöst, als spiele der Wind mit den einzelnen Strähnen, das Untergesicht ist etwas vorgeschoben, die Unterlippe betont. Das ist nicht mehr das antike Schönheitsideal, dem hier nachgestrebt wird, hier klingt ein Zug zur Bildnishaftigkeit an, zu einem Verismus, der nicht einem hellenistischen Vorbild folgt, sondern wirklich Menschen zu gestalten sucht. Auch das – vielleicht gewollt – häßliche Gesicht des Königs und die zum Teil ironischen Züge der Jünglinge, die bei aller Ähnlichkeit untereinander doch verschieden aussehen, bezeugen das. Diese Richtung setzt sich fort und verstärkt sich in den Miniaturen des *Menologion* Basileios' II.*, um 985 illuminiert, wo einige der Miniatoren in der scharfen Charakterisierung der Gesichter noch beträchtlich

»Martyrium«, um 985, Miniatur auf Pergament (Tagesbild zum 17. September im Menologion Basileios' II.). Rom, Città del Vaticano, Biblioteca Apostolica Vaticana, Ms. gr. 1613

über die Art in der Leon-Bibel hinausgehen und ihre Gestalten eindrucksvoller agieren und aussehen lassen, oft in einer Landschaft oder einer Art Bühnenraum ohne rechte Tiefe. Im Widmungsbild des für denselben Kaiser nach 1017 geschriebenen Psalters sind die vor dem großen siegreichen Basileios in Proskynese liegenden bulgarischen Adeligen eine Sammlung von Bildnissen häßlicher Männer. Die Hofmaler haben sich weit von dem entfernt, was 50 Jahre zuvor Hofmode war; Hellas tritt wieder mehr in den Hintergrund, eher ist es Roms Erbe, das sich in der schonungslosen Menschendarstellung auswirkt. Um 1000 entstand auch ein *Evangelien-Lektionar*, das in Konstantinopel geschaffen wurde. Seine groß und statuarisch aufgefaßten Einzelfiguren, vor Goldgrund stehend, sind einerseits hervorragend im antiken Sinne ponderierte Gestalten, elegant in der Haltung und in der durch sie bedingten leichten Verschiebung der Körperachsen, die den Standmotiven etwas von Lässigkeit gibt, andrerseits aber in den nicht mehr auf bloße Schönheit angelegten Gesichtern, in der Dichte der nervösen Faltengebung und in gelegentlicher scharfkantiger Härte der Gewandbehandlung Zeugen derselben Ent-

»Eleazar vor Antiochos«, nach Mitte 10.Jhdt, Miniatur (aus der Bibel des Patrikios Leon). Rom, Città del Vaticano, Biblioteca Apostolica Vaticana, Ms. Reg. gr. 1

»Markus«, um 1000, Miniatur (aus einem Evangelien-Lektionar). Sinai, Katharinenkloster, Ms. gr. 204

wicklung, die mit der Leon-Bibel einsetzte. Im 11. Jahrhundert setzen Handschriften wie ein Evangelien-Lektionar in Oxford diese Linie fort.

In diesem Jahrhundert wirkt auch ein Scriptorium, das seinen Sitz im Johannes Prodromos-Kloster des Patrikios Studios in Konstantinopel hatte*. Ihm verdanken wir unter anderen zwei *Evangeliare* (Paris), von denen das ältere um den kreuzförmig angeordneten Text der ersten Seite eines jeden Evangeliums Szenen setzt, die zum Teil auf zwei gegenüberliegende Kreuzwinkelräume verteilt sind. Die vor leerem Grund ohne Bodenlinie agierenden Figuren sind schlank, plastisch modelliert und gut proportioniert, mit ausdrucksvollen Gesichtern, die denen im Menologion Basileios' II. nahestehen. Diese Darstellungsweise findet sich

»Zacharias«, frühes 11. Jhdt, Miniatur mit Goldschrift (aus einem Evangeliar). Paris, Bibliothèque Nationale, Ms. gr. 64

»Ländliche Szenen«, 1. Hälfte 11. Jhdt, Miniaturen (aus einer Handschrift der »Homilien« Gregors von Nazianz). Paris, Bibliothèque Nationale, Ms. gr. 533

in einer Handschrift der *Homilien Gregors von Nazianz* wieder, nur durch Bodenstreifen angereichert. Das andere Pariser Evangeliar illustriert den Text mit einer dichten Folge von Bildstreifen, die zwischen den Text geschoben sind*. Es läßt einen Stilwandel erkennen: Die Figuren sind noch schmächtiger geworden, flüchtiger gezeichnet, mit häßlicheren Gesichtern; statt Licht und Schatten in der Faltengebung sind dünne goldene Linien auf die einfarbigen, unschattierten Kleidungsstücke gesetzt, die die Körperlichkeit der Gestalten zurückdrängen und verschleiern. Die gleiche Malweise zeigt ein *Psalter* mit Randminiaturen, der 1066 für den Abt Theodoros des Studios-Klosters geschaffen wurde.

Eng verwandt mit diesen Handschriften ist ein *Hiob-Kodex* des Sinai-Klosters, der sich allerdings durch Rahmung der Miniaturen und farbige Gestaltung des Bildgrundes mit Himmelsangabe in mehreren dünnen Horizontalstreifen unterscheidet. Die Herkunft des Hiob-Kodex aus dem Studios-Kloster erscheint möglich.

Eine profane Handschrift, welche die *Kynegetika* des Pseudo-Oppianos* enthält, steht in der Malweise der Gregor-Handschrift aus dem Studiten-Scriptorium ziemlich nahe. Sie ist kulturgeschichtlich deshalb besonders wichtig, weil sie eine ganze Reihe von Bildern enthält, die mit dem Text nichts zu tun haben, sondern der antiken Mythologie, der Geschichte Alexanders des Großen beziehungsweise dem Sagenkreis um ihn und ähnlichen Stoffen entnommen sind; am merkwürdigsten aber ist eine Miniatur, die Szenen aus vier Dramen des Euripides bringt, darunter von dreien, deren Text uns nicht erhalten ist*.

Völlig in der Spätantike verhaftet ist dagegen der *Kosmas-Kodex* des Sinai-Klosters. Was der Maler des 9. Jahrhunderts zu einem zentral komponierten Bild umzuformen versucht hatte, ist hier wie ein Ausschnitt aus einer Buchrolle wiedergegeben, be-

»Hiobs Herden«, Mitte 11. Jhdt, Miniatur (aus einer »Hiob«-Handschrift). Sinai, Katharinenkloster, Ms. gr. 3

ginnend mit der Aussendung des Saulus durch den Hohen Rat und endend mit dem Gespräch des Saulus mit Ananias; nur die Einzelgestalt des Apostels, aus der Mitte herausgerückt, die hier der vom göttlichen Licht getroffene Saulus okkupiert, und damit ziemlich sinnlos geworden, läßt ahnen, daß der Miniator die Komposition seines bedeutenderen Vorgängers gekannt hat, mit ihr aber, enger am Vorbild des 6. Jahrhunderts klebend, nichts anzufangen wußte. Die harte Zeichnung, die Proportionen und die ungelenken Haltungen spiegeln ebenfalls das alte Vorbild wider. Eine Datierung dieser Handschrift ins 11. Jahrhundert ist nur durch die Schrift gegeben, nicht durch den künstlerischen Ausdruck, der uns vielmehr eine Vorstellung von dem Original des 6. Jahrhunderts gibt.

◀ »Gleichnis von den Arbeitern im Weinberg«, Mitte 11. Jhdt, Miniatur (aus einem Evangeliar). Paris, Bibliothèque Nationale, Ms. gr. 74

In der zweiten Jahrhunderthälfte bricht noch einmal die Erinnerung an die makedonische Renaissance durch. Ein *Psalter mit Randminiaturen* vom Jahre 1075 im Sinai-Kloster, in dem teilweise nur die Vorzeichnungen erhalten sind, schließt in der Eleganz der Zeichnung in Sepiatinte, dem klassischen Figurenstil und der antikisierenden Gewandbehandlung noch an Werke wie den Josua-Rotulus an; nur die überscharf charakterisierten Köpfe mit dem lebhaften Gesichtsausdruck tragen die Merkmale des späten 11. Jahrhunderts. Ein weiteres Beispiel ist eine der vier Minaturen, die in eine Handschrift der *Homilien des Johannes Chrysostomos* eingeklebt sind: Sie zeigt *Nikephoros III. Botaneiates (1078–81) und seine Gemahlin Maria**. Das Bildnis des Kaisers ist eines der eindrucksvollsten Porträts der gesamten byzantinischen Kunst. Die repräsentativen Bilder stammen aus der höfischen Welt der späten Makedonenzeit.

Zukunftsweisender sind jene Miniaturen, die die mit der Leon-Bibel begonnene Linie fortsetzen. Der Trend führt zu immer schärferer, manchmal an die Karikatur reichender Gesichtszeichnung und zu schlanken, gekurvten Figuren. Einige bezeichnende Beispiele mögen das verdeutlichen: Ein *Evangeliar* (Parma) mit

»Bekehrung des Saulus«, 11. Jhdt, Miniatur (aus einer Kosmas-Indikopleustes-Handschrift). Sinai, Katharinenkloster, Ms. gr. 3

»Johannes der Evangelist«, Ende 11. Jhdt, Miniatur (aus einem Evangeliar). Athen, Nationalbibliothek, Kod. gr. 57

»Kaiser
Nikephoros Botaneiates«,
1078/81,
Miniatur
(aus einer Johannes-Chrysostomos-Handschrift).
Paris,
Bibliothèque Nationale,
Ms. Coislin 79

ganzseitigen, in mehrere Bildfelder unterteilten Miniaturen läßt diese Richtung im erzählenden Bild voller Spannung und gelegentlich Dynamik sehr deutlich werden; ein *Psalter* (Paris) setzt die Bilder vom Typus des 10. Jahrhunderts in den expressiv häßlichen des 11. Jahrhunderts um; charakteristischer noch sind die Evangelistenbilder, die mit den hellenistischen Sitzstatuen wenig mehr gemein haben, so der Matthäus in einem *Lektionar* (Sinai-Kloster), dessen gespannt aufblickendes Gesicht mit der Adlernase, der vorgeschobenen Unterlippe und der ganz unanatomischen blasenförmigen Runzelbildung auf dem Jochbein das neue Menschenbild in Reinkultur zeigt, der ihm artverwandte Lukas eines *Evangeliars* (Athos-Kloster Panteleimonos) mit der V-förmigen Wangenfalte oder der vom Alter gebeugte, aber so scharf wie die beiden anderen blickende Johannes eines Kodex (Athen, Nationalbibliothek). In diesen Gestalten ist noch das Gefühl für die Körperlichkeit ausgezeichnet erhalten; Licht und Schatten modellieren die Figuren sehr plastisch, aber ein Zug zur Vereinfachung macht sich, besonders beim Johannes, bemerkbar: Der Kontur wird geschlossen, bevorzugt große Kurven, die Darstellung verliert, besonders im Schultergürtel, die anatomische Richtigkeit, ein Zug zum Manierismus ist unverkennbar. Im frühen 12. Jahrhundert kulminierte diese Entwicklung in einem *Neuen*

Testament (Oxford), dessen überaus sorgfältig gemalte Autorenbilder mit der kleinen Szene im Bogenfeld der rahmenden Arkade die Entwicklung zu einem vollendeten Ausdruck zusammenfassen, frei von Manierismen, aber das gewandelte Menschenbild klar gestaltend, ein absoluter Gegenpol zu den Evangelisten des Stauronikita 43. Bis zu welcher Intensität des Ausdruckes sich diese Art der Malerei steigern kann, zeigt die Berufung des Habakuk in einem *Psalter* (Athen) aus dem späten 12. Jahrhundert, wo das Erschrecken vor dem göttlichen Anruf in dem sprungbereiten Zusammenducken und dem mit eingezogenem Kopf ängstlichen Zurückblicken des Propheten mit psychologischer Meisterschaft ausgedrückt wird. Nicht alles, was aus dieser Richtung im 12. Jahrhundert stammt, ist von gleicher Ausdruckskraft, aber selbst so mittelmäßige Miniatoren wie der, der in einer Handschrift der *Himmelsleiter* (Sinai-Kloster) Johannes Klimakos* vor Christus zeigt, bemühen sich um eine ähnliche Menschendarstellung. Die letzte und höchste Verfeinerung erreicht dieser Stil in einem *Propheten-Kodex* (Oxford) aus der Zeit um 1200, in dem die Halbfiguren der Propheten unter Beibehaltung der Ausdrucks-

»Petrus«, frühes 12. Jhdt, Miniatur (aus einem Neuen Testament). Oxford, Bodleian Library, Cod. Auct. T infra 1,10

»Jeremias«,
spätes 12. Jhdt,
Miniatur
(aus einem
Propheten-Kodex).
Oxford,
Bodleian Library,
Ms. New College 44

kraft zu einer Beruhigung der Form gelangen, die eine neue Klassik erkennen läßt. Man hat diese Stilstufe daher auch »neoklassisch« genannt, in ihr wird die ganze Entwicklung, die man nicht ganz zu Recht komnenisch* zu nennen pflegt, zu abschließender Reife geführt.

Neben dieser Art des Malens gab es noch eine andere, derbere, die im fortgeschrittenen 11. Jahrhundert mit einem *Evangeliar* (Florenz) begann, das den Text ganz dicht mit Streifenminiaturen illustriert*, sich im *Barberini-Psalter* fortsetzt und im frühen 12. Jahrhundert durch den *Oktateuch** (Istanbul, Saray) und den zerstörten von Smyrna einen gewissen Höhepunkt erreicht. Anfangs durch flüchtig gezeichnete, entweder gedrungene oder sehr dünne Gestalten, mit oft ausgesprochen häßlichen Gesichtern dargestellt, gekennzeichnet, wird in den Oktateuchen eine starke Annäherung an die andere Richtung sichtbar, wobei allerdings die Gestalten meist recht gedrungen sind. Ein für Johannes II. Komnenos (1118–43) und seinen Sohn und Mitkaiser Alexios († 1142) geschriebenes *Evangeliar* läßt diesen Stil sich ins Karikaturhafte verändern, während eine Handschrift der *Homilien Gregors von Nazianz* etwas gemäßigter gestaltet; gemeinsam ist beiden die souveräne Verachtung der Anatomie bei den männlichen Akten. Etwa in der gleichen Zeit und Art sind auch die beiden erhaltenen

»Taufe Christi«, frühes 12. Jhdt, Miniatur (aus einer Handschrift der »Homilien« Gregors von Nazianz). Paris, Bibliothèque Nationale, Ms. gr. 550

Handschriften der *Homilien des Johannes von Kokkinobaphu** illuminiert, die in dichter Folge die Vorgeschichte und Jugend Mariä erzählen. Offenbar war dies ein sehr verbreiteter Stil der komnenischen Buchmalerei.

Während die Buchmalerei uns erlaubt, die Entwicklung durch mehr als drei Jahrhunderte in dichter Folge zu erkennen, mit weit mehr Seitenzweigen, als hier angedeutet werden konnten, sieht es bei der Wandmalerei und dem Mosaik sehr viel schlechter aus. Mosaiken aus der makedonischen Renaissance sind nur in der Hagia Sophia in Istanbul erhalten. Die »Große Kirche« ist freilich nicht in einem Zuge und nach einem festen Programm mit figürlichem Mosaik geschmückt worden, sondern einzelne Votivbilder wurden zu ganz verschiedenen Zeiten in den sonst ganz ornamentalen Dekor des Naos eingefügt. Außerdem waren sie alle zu den Zeiten, da die Hagia Sophia als Moschee diente, überputzt und übermalt, soweit sie nicht ausgebrochen worden waren; noch ist nicht alles freigelegt, und manches, was im vorigen Jahrhundert bei einer Restaurierung noch da war und gezeichnet wurde, ist heute verschwunden. Die Reihe der Votivmosaiken setzt mit dem über der Kaisertür ein, das *Leon VI.* (886–912) in Proskynese zu Füßen des thronenden Christus zeigt*. Während das

wohl etwa gleichzeitig entstandene Mosaikbildnis seines Bruders *Alexander* auf der Nordempore der Kirche* den Kaiser in seinem Krönungsornat stehend zeigt und nichts als eine Kopie des offiziellen Kaiserbildes ohne tieferen Gehalt ist, drückt das Mosaik Leons die byzantinische Kaiseridee vollendet aus: Der ewige Herrscher und Erhalter des Alls, der Pantokrator Christus, segnet den Kaiser, der an Christi Statt als von Gott erwählter Selbstherrscher (Autokrator)* das Reich regiert und hier dem Pantokrator gegenüber die Stellung einnimmt, die er von seinen Untertanen für sich fordert, die Proskynese; der absolute Monarch, der übrigens manche obsolet gewordene Rechtssatzung, die die kaiserliche Alleinherrschaft hätte einschränken können, abgeschafft hat, stellt sich in seiner Kirche – die Hagia Sophia war in erster Linie Stätte der kaiserlichen Repräsentation – den Gläubigen als den treuen Diener des himmlischen Monarchen vor Augen; das ist weniger ein Ausdruck der Demut als vielmehr im Gegenteil ein Zeichen des hohen herrscherlichen Selbstbewußtseins, des Gottesgnadentums. Die beiden Medaillons mit den Bildern Mariä und Gabriels, die dem Mosaik eingefügt sind, sind ein weiterer Hinweis auf die kaiserliche Selbstdarstellung, spielen sie doch auf eine Predigt Leons über die Verkündigung an Maria an, die er in der Hagia Sophia gehalten hat. Stilistisch liegt das Mosaik noch ganz auf der Linie der Apsismosaiken, wenn es auch etwas härter und schwächer ist. Etwa gleichzeitig mit den beiden Kaiserbildern entstanden auch die, nur zum Teil erhaltenen, ganzfigurigen Darstellungen heiliger Bischöfe oberhalb des schmalen Umganges im Naos der Kirche*, die im Stil etwa dem Alexanderbild entsprechen, also auch aus der Zeit Leons VI. stammen. Gewisse Nachlässigkeiten in der Zeichnung, zum Beispiel die plump leblosen Hände, erklären sich wohl daraus, daß die Mosaiken nur aus großer Ferne gesehen werden konnten, eine sorgfältige Detailbehandlung also nicht notwendig, ja eher störend gewesen wäre.

Erst über ein Jahrhundert später haben wir wieder ein Mosaik in der Hagia Sophia, und zwar im südlichen Vestibül über der Tür zum Esonarthex: Der thronenden Madonna, der Schutzpatronin der Kaiserstadt, bringen die Kaiser Konstantin ein Modell seiner Stadt und Justinian das Modell der »Großen Kirche« dar;

◀ »Kaiser Leon VI. vor Christus«, Ende 9. Jhdt, Mosaik. Istanbul, Hagia Sophia, Narthex beide Kaiser* sind im Ornat des Mittelalters dargestellt, ihre Züge haben keine Ähnlichkeit mit ihren erhaltenen Porträts, sondern sind Idealbildnisse. Während die Madonna noch ganz im Sinne der makedonischen Renaissance gestaltet ist, sind die Gesichter der Kaiser sehr scharf und faltenreich durchgezeichnet, wobei bei Konstantin bereits die später so beliebte V-förmige Faltenstruktur auf der rechten Wange gegeben ist; sie wirken ungemein porträthaft und durchgeistigt, als hätte der Mosaizist seine Modelle aus Konstantinopler Gelehrtenkreisen gewählt, und zeigen etwa die gleiche Entwicklungsphase, wie sie in der Buchmalerei das Menologion Basileios' II. vertritt.

In eine völlig andere künstlerische Welt führen uns die Mosaiken der Hauptkirche (Katholikon) des Klosters Hosios Lukas. Im frühen 11. Jahrhundert ausmosaiziert, hat sie ihren Schmuck mit Ausnahme der Kuppel, die 1593 bei einem Erdbeben einstürzte, ausgezeichnet bewahrt. Er ist, obwohl aller Wahrscheinlichkeit nach von Konstantinopler Mosaizisten ausgeführt, großenteils ohne jede Beziehung zur makedonischen Renaissance. Zwar sind die Gesichter recht plastisch modelliert, aber bei der Mehrzahl der Figuren wenig schön bis häßlich und von außergewöhnlicher Ausdrucksleere. Die Gewänder sind durch hart aneinanderstoßende helle und dunkle Streifen oder Flächen von geometrischer Struktur aufgegliedert und nehmen den Gestalten jegliches Volu-

»Paulus«,
frühes 11. Jhdt,
Mosaik.
Hosios Lukas,
Klosterkirche,
Narthex

men. Die Haltungen sind wenig variiert und oft recht steif, die Bewegungen eckig. Nur einige wenige Büsten sind von anderer Art, im Naos zum Beispiel einige der Kirchenväter und der Klosterheiligen, vor allem aber die große und aus besonders feinem Material gesetze Büste des Christus Pantokrator im Narthex. Auch hier finden wir eine starke Schematisierung, besonders im Schultergürtel und in den symmetrischen Gesichtsfalten, aber es fehlt die manchmal geradezu dümmliche Ausdrucksleere, und die sorgfältigere, lebhaftere Linienführung in den Gewandfalten läßt diese Büsten, vor allem die Christi, lebendiger und dem Erbe der makedonischen Renaissance verbundener erscheinen.

Um die Mitte des 11. Jahrhunderts entstand wieder ein Votivmosaik auf der Südempore der Hagia Sophia in Konstantinopel. Es zeigt *Konstantin IX. Monomachos und seine Gattin Zoë* mit Geldbeutel und Privilegienrolle zu seiten des thronenden Christus. In seiner heutigen Gestalt stammt das Mosaik aus der Zeit zwischen 1042 und 1050*. Nur die Köpfe der drei Gestalten sind Zeugen der Konstantinopler Mosaikkunst gegen die Jahrhundertmitte. Während die offensichtlich geschönten Gesichter des Kaiserpaares weniger charakteristisch für die Kunstentwicklung sind, zeigt das Antlitz Christi bereits alle Merkmale einer das Knochen-

◀ »Kaiser Konstantin der Große und Justinian vor der Gottesmutter«, Ende 10. Jhdt, Mosaik. Istanbul, Hagia Sophia

»Christos Pantokrator«, frühes 11. Jhdt, Mosaik. Hosios Lukas, Klosterkirche, Narthex

gerüst des Schädels ignorierenden Gestaltungsweise, die uns in den Evangelistenbildern der zweiten Jahrhunderthälfte begegnet und bereits beim Konstantin des Vestibülmosaikes aufschien, ein Zeichen, daß die monumentalen Künste für die Stilentwicklung führend waren. Dieser Stilphase gehörten auch die Mosaiken im Narthex der *Koimesis-Kirche von Nikaia* (Iznik) an, die im griechisch-türkischen Krieg 1922 restlos zerstört wurden*. Ebenso sind hier die Mosaiken hinzuzurechnen, die in der von Konstantin IX. gestifteten und von Theodora 1056 fertiggestellten Kirche der *Nea Moni* auf Chios* von hauptstädtischen Mosaizisten gesetzt wurden. Bei einem Teil dieser Arbeiten ist die Stilform zu einer breit konturierten, in starken Farben gesetzten, die Einzelformen vereinfachenden und zugleich betonenden Manier gesteigert, die die Ausdruckskraft der Gesichter großenteils enorm stärkt. Konstantinopler Mosaizisten haben um die Mitte des 11. Jahrhunderts auch in der *Sophienkirche* in Kiev gearbeitet; sie kamen aus verschiedenen Schulen, so daß Erinnerungen an Hosios Lukas neben der Formenwelt der Kaiserstadt in ihren verschiedenen Ausprägungen stehen*.

Gegen Ende des 11. Jahrhunderts entstanden die schönsten mittelbyzantinischen Mosaiken in der Kirche des Klosters *Daphni* bei Athen*, in denen eine vollendete Synthese der künstlerischen Bestrebungen der zweiten Jahrhunderthälfte mit der Orientierung an der griechischen Antike erreicht ist. Köpfe wie die der Propheten im Kuppeltambour sind von einer plastischen Kraft, die ohne Vergleichsbeispiel ist, und wirken wie die musivische Umsetzung hellenistischer Idealporträts. Dagegen ist in der Gewandwiedergabe eine fast kristallische Härte der Faltengebung charakteristisch, ebenso die nicht immer sichere Stellung und Ponderierung der Figuren, besonders auffällig zum Beispiel bei den Erzengeln des Apsisraumes.

Weit näher als die auf einsamer Höhe stehenden Mosaiken von Daphni sind dem uns aus der Buchmalerei bekannten Trend zur überscharfen Charakterisierung die Reste der Apsismosaiken der

»Christos Pantokrator«, 1042/50, Mosaik (aus dem Votivbild Konstantins IX. und Zoës). Istanbul, Hagia Sophia, Südempore

Metropolis von Serres. Härter, überzeichneter und kantiger spiegeln sie doch etwa die Stilstufe des Athener Cod. 57 wieder. Mosaizisten etwa dieser Richtung haben auch in Kiev im *Goldkuppligen Michaelskloster* nach 1108 in der Apsis, dem Einzigen, was vom Dekor der Kirche blieb, gearbeitet*.

In Konstantinopel steigert sich der expressive, mit Farbstrichen arbeitende Stil von Serres noch in dem letzten mittelbyzantinischen Mosaik der Hauptstadt, dem Votivmosaik *Johannes' II. Komnenos* (1118–43) und seiner Gemahlin *Irene* auf der Südempore der Hagia Sophia in der unmittelbaren Nachbarschaft des Mosaiks Konstantins IX. und Zoës. Die Gesichter des Kaiserpaares sind wie exotische Masken mit roten parallelen Mosaiklinien geschminkt, ohne dadurch jedoch ihren Porträtcharakter zu verlieren. Besonders das fein geschnittene, schmalnasige und herbe Gesicht der Kaiserin, einer rotblonden ungarischen Königstochter, wirkt bei aller zeremoniellen Erstarrung sehr individuell. Weit plastischer ist das Antlitz der Gottesmutter modelliert, aber auch auf ihm finden sich die roten Linien, hier mehr an Farbwischer erinnernd als an die Parallelstriche bei Irene.

Mosaiken von der Hand byzantinischer Meister sind dann nur noch in Sizilien erhalten: aus der Mitte des 12. Jahrhunderts in Cefalù sowie in Palermo in der *Cappella Palatina* und der *Marto-*

»Ezechiel«, spätes 11. Jhdt, Mosaik. Daphni, Klosterkirche, Tambour

»Kaiser Johannes I. und seine Gemahlin Irene bringen der Gottesmutter Gaben dar«, um 1081, Mosaik. Istanbul, Hagia Sophia, Südempore

rana, in Monreale vom Ende des Jahrhunderts im *Dom**. Die drei zeitlich eng beieinanderstehenden Zyklen in Cefalù und Palermo geben eine Vorstellung von der Verfeinerung des komnenischen Stiles, der weniger antikisch als in Daphni und weniger überexpressiv als in Serres im Sinne einer Formenberuhigung und Klärung gleichsam die Propheten der Oxforder Handschrift vorwegnimmt. Monreale dagegen ist in den von Byzantinern gesetzten Teilen seines Mosaikdekors ein später Nachklang dieser Stilstufe, in dem sich das ankündigt, was das 13. Jahrhundert schaffen sollte; manches dagegen nähert sich der Übersteigerung der spätkomnenischen Formen, wie sie die Wandmalerei in Kurbinovo zeigt*.

In der Wandmalerei ist die Überlieferung noch dürftiger. Für das 10. Jahrhundert haben wir einige, heute zum Teil recht zerstörte Zyklen in kappadokischen Höhlenkirchen*. Diese Malereien spiegeln entweder die Konstantinopler Entwicklung oder sind ausgesprochen provinziell, in beiden Fällen aber vor allem ikonographisch hochinteressant, weil sie in einer Dichte, wie sie uns sonst nirgends begegnet, die Fülle der Bildthemen und deren Entwicklung dokumentieren. Ein hervorragendes Beispiel für die Übernahme des frühen makedonischen Stiles, wie ihn der vatikanische *Kosmas Indikopleustes* und der *Gregor* Basileios' I. repräsentieren, sind die Fresken der um 900 ausgemalten *Kiliçlar Kilise* in Göreme, die den Beginn der neuen Auseinandersetzung mit der Antike auch in die ferne Provinz in klassischer Form übertragen. Den in Kappadokien viel verbreiteteren Malstil, der eher mit dem Kuppelmosaik der Hagia Sophia in Thessalonike geistesverwandt ist und die Formenwelt von Hosios Lukas vorwegzunehmen scheint, zeigt der um 920 entstandene große Zyklus in der *Tokali Kilise* in Göreme, eine frisch erzählende, der Antike in jeder Hinsicht absolut ferne, stark von Linearität geprägte Bilderfolge*.

In Griechenland sind die Malereien in der Hagia Barbara, der Unterkirche (Krypta) des Katholikons von Hosios Lukas, so weit sie den Mosaiken gleichzeitig sind, Umsetzungen von deren Stil in Fresko. In den sehr schlecht erhaltenen Fresken der *Panhagia der Kupferschmiede* in Thessalonike (nach 1028) kündigt sich bereits der Stil der Jahrhundertmitte an*. Dieser ist hervorragender in der *Sv. Sofija* in Ohrid in den ältesten Wandmalereien dieser einstigen erzbischöflichen Kathedrale erhalten*. Der Christus in

»Christus in der Gloriole«, um 1050, Fresko (aus der »Himmelfahrt«). Ohrid. Sv. Sofija

der Gloriole und die sie tragenden Engel sowie die Apostel des Himmelfahrtsbildes im Tonnengewölbe des Altarraumes können die Art dieser ungemein expressiven Malerei sehr gut demonstrieren. Die an klassische Nikedarstellungen erinnernden schwebenden Engel mit ihrer betonten Körperhaftigkeit, um die sich die Gewänder schmiegen – teils von dichten kreisenden Falten umschlossene, straffgespannte Stoffpartien, teils manieristische, bei allen vier Gestalten gleichermaßen wiederkehrende Kurven, Geschlinge und zu kuppelartigen Formen aufflatternde Mantelenden, die die Körper um- und überspielen –, mit ihren schönen Gesichtern, eleganten Bewegungen und guten Proportionen bezeugen die fortbestehende intensive Aneignung des antiken Erbes. Die Gestalt des auf dem Regenbogen thronenden Christus ist in der gleichen Art gemalt. Ist so die himmlische Sphäre von klarer Schönheit der Gesichter und Gestalten bestimmt, so zeigt die irdische, durch Maria und die Apostel repräsentiert, einen anderen Ausdruck. Zwar sind die Figuren von ähnlicher Plastizität, wenn auch nicht von gleicher Eleganz wie die der Engel, aber die Gesichter sind ganz anders. Der alte Apostel, Andreas, auf der Südseite der Ton-

◀ »Geburt Christi«, um 920, Wandgemälde. Göreme, Tokali Kilise ne blickt unter gerunzelten Brauen scharf, fast mißtrauisch, aus dem Bild; seine Wangen sind durch die geschwungene V-förmige Falte als alt gekennzeichnet, eine zwar eindrucksvolle, aber sehr naturferne Gestaltung, die wir aus der Buchmalerei bereits kennen und die beim Christus des Votivmosaiks Konstantins IX. und der Zoë fast zur gleichen Zeit begegnet, wenn auch nicht so ausgeprägt. Der jüngere Apostel neben ihm hat das vorgeschobene Untergesicht, das einen trotzig-verbissenen Ausdruck hervorruft, und eine tiefgefurchte Stirn, wie von Sorgen gequält; außerdem ist sein Kopf falsch auf den an der Bewegung nicht teilnehmenden Hals gesetzt. Diese Gesichter sind alles andere als schön, alle Orientierung am antiken Menschenbild mußte der Emphase des Ausdrucks weichen. Der Maler versucht eindringlich und eindrucksvoll, vom Leben ebenso wie von dem Ereignis, dessen Zeugen sie sind, gezeichnete Gesichter darzustellen. Dafür verwendet er Formeln, die in ihrer Naturferne den Charakter von fast abstrakten Zeichen haben. Diese ausdrucksvollen und meist häßlichen Gesichter sind die erste reife Ausprägung des Stiles, der bis ins späte 12. Jahrhundert herrschte. Man hat sie mit einer mön-

»Auferweckung des Lazarus«, 1105/06, Fresko. Asinu (Zypern), Panhagia Phorbiotissa

chisch-asketischen Ästhetik in Verbindung bringen wollen, die orientalisch beeinflußt wäre*. Dagegen spricht alles, was wir wissen. Lassen wir einmal den nie wirklich definierten Begriff »orientalisch« beiseite, so ist folgendes entscheidend: Leon von Ohrid war kein ehemaliger Mönch, sondern kam aus dem Klerus der Hagia Sophia in Konstantinopel und war eng vertraut mit dem Patriarchen Michael Kerullarios; der Stil der Malereien seiner Kathedrale steht in der Nachfolge des Menologions Basileios' II. und ist mit dem Votivmosaik Konstantins IX. eng verwandt, die Malereien in der Kirche des Katepan Christophoros in Thessalonike sind die direkte Vorstufe; die Sv. Sofija war Kathedrale und nicht Klosterkirche. Nicht ein orientalisierender Asketizismus dem Hofstil ferner Mönchskreise fand hier bildhaften Ausdruck, sondern der »moderne« Stil der Reichshauptstadt und des Hofes wurde in unübertroffener Weise in die neugewonnene Provinz übertragen.

Die erste Hälfte des 12. Jahrhunderts ist nur durch einige wenige Kirchen auf Zypern belegt. In der *Panhagia Phorbiotissa* von Asinu beim Dorfe Nikitari* sind die Fresken von 1105–06 den Mosaiken von Serres eng verwandt. Schwächere, etwa der

◀ »Zwei Apostel«, um 1050, Fresko (aus der »Himmelfahrt«). Ohrid, Sv. Sofija gleichen Zeit angehörige ähnliche Malereien finden sich in der *Nikolaos-Kirche* bei Kakopetria, etwas klassizistischere in der *Hagia Triada* des Klosters Hagios Chrysostomos beim Dorf Kutsovendis, ebenfalls aus den ersten Jahren des 12. Jahrhunderts. Bedeutend unter diesen Malereien sind vor allem die von Asinu, die wohl von Konstantinopler Malern geschaffen worden sind. In der *Panhagia Theotokos* in Trikomo setzt sich diese qualitätvolle Malerei um die Jahrhundertmitte nahezu unverändert fort.

Zu Beginn des letzten Jahrhundertdrittels entstand die Wandmalerei der Kirche *Sv. Panteleimon* in Nerezi bei Skopje, einer Stiftung des Prinzen Alexios Angelos Komnenos, eines Enkels Alexios' I. Von den Fresken des 12. Jahrhunderts sind große Teile erhalten. Sie zeigen die ungebrochene Kontinuität des Stiles, wie er uns in Serres und Asinu entgegentrat, nur emotionaler, zugleich ausgereifter und fragiler. Als Denkmal des Höhepunktes der komnenischen Malerei zweifellos von hauptstädtischen Künstlern gestaltet, sind sie teilweise auch raffiniert komponiert. Bei der Kreuzabnahme zum Beispiel ist die Gruppe in sich geschlossen und so aufeinander abgestimmt, daß keine Gestalt fehlen dürfte, ohne die Komposition in sich zusammenfallen zu lassen: Christi Oberkörper – die Arme sind schon vom Kreuzbalken gelöst –

»Symeon«,
1164,
Wandgemälde.
Nerezi,
Panteleimon-Kirche

wird von dem sich fest auf die Leiter stemmenden Joseph von Arimathia gehalten und von Maria, die ihr Gesicht an das des toten Sohnes drückt, aufgefangen; ihr gegenüber hält Johannes die linke Hand seines Herrn, ihm zu Füßen, von seinem vorgeneigten Körper abgeschirmt, müht sich ein Knecht, die Nägel aus Christi Füßen zu ziehen.

Der Kontrast zwischen den vier um den Leichnam bemühten Lebenden und dem großen, in kühnen Abknickungen und Drehungen gegebenen Toten ist hervorragend herausgearbeitet: Als wären sie im Warten auf Christi endgültige Lösung vom Kreuz erstarrt, halten sie bewegungslos den so beweglichen Leichnam. Die überschlanken Gestalten, durch Licht und Schatten meisterhaft modelliert, scheinen nur mit angespannter Anstrengung ihr Werk der Bergung des Toten vollbringen zu können. Keine erregte Dynamik, kein lauter Ton, wie er in vergleichbaren Darstellungen in Ost und West so leicht in dieser Szene aufklingt, wird hier aufgeboten, trotzdem atmet das Bild Trauer, mühevolle Sorge und in der Haltung des Lieblingsjüngers liebevolle Hingabe. In den Gesichtern dieser Malerei, an der mindestens zwei Meister beteiligt waren, ist die graphische Durchführung ohne jede Rück-

◀ »Kreuzabnahme«, 1164, Wandgemälde.
Nerezi, Panteleimon-Kirche

sicht auf die Anatomie des Kopfes auf die Spitze getrieben; bezeichnend dafür ist in der Szene der *Darbringung Christi im Tempel* der Simeon, dessen Greisengesicht die geschwungene V-förmige Falte mit der Blasenform auf dem Jochbein verbindet und diese Grundform mit zahlreichen, sich parallel zu ihr schwingenden Linien anreichert. So wenig das, was dabei herauskommt, auch der Natur entsprechen mag, so eindringlich kennzeichnet es doch das Greisentum in dem scharfgeschnittenen schmalen Gesicht mit der kräftigen Raubvogelnase. Von gleicher Art, nur etwas weniger expressiv, sind die etwa gleichzeitigen Fresken in der *Apostelkirche* von Perachorio auf Zypern. Verwandtes findet sich auch in Kastoria*, enger noch mit Nerezi verwandt als die Malereien in Perachorio.

Zurückblickend kann man sagen, daß der bei einigen der Miniatoren des Menologions Basileios' II. zuerst aufklingende Stil in der Malerei im Laufe des 11. Jahrhunderts sich nicht nur fortentwickelte, sondern sich auch im letzten Viertel des Jahrhunderts als alleinbestimmend durchsetzte und bis zu dem Höhepunkt in Nerezi das Feld der Malerei beherrschte – nicht als variationsloser Einheitsstil, sondern als ein Stil, der viele Merkmale verschieden stark ausgestalteter Werke erfaßte, wobei aber so heterogene Ausdrucksformen wie im frühen 11. Jahrhundert vermieden werden. Es gibt keine Epoche der byzantinischen Malerei – diese Stileinheitlichkeit bezieht sich nur auf sie – von ihren Anfängen bis an ihr Ende und in ihr Nachleben hinein, von der man Ähnliches aussagen könnte. Dabei sind nicht nur der Figuren- und Gewandstil, die Abwendung vom antiken Menschenbild und die Hinwendung zur Expressivität kennzeichnend, sondern auch der durchgehende Verzicht auf das, was im Pariser Psalter des 10. Jahrhunderts schon so vollendet erreicht war, nämlich auf den Bildraum. Alles im komnenischen Stil Gemalte ist ohne Tiefe, die Figuren sind in eine optische Fläche eingebunden, Landschaft und Architektur bleiben flache Kulisse, die Seherfahrung des Auges wird ausgeschaltet, als gelte das irdische Erleben und Erschauen des Raumes für die Kunst nicht. Man darf das nicht religiös, also vom Gegenstand her bedingt, mißdeuten, in den wenigen erhaltenen profanen Buchmalereien sieht das nicht anders aus.

Die Stileinheit in der Malerei zerbricht nach Nerezi. Aus dem Ende des 12. Jahrhunderts kennen wir drei Malereien, die das schroffe Auseinandergehen deutlich machen. In der 1191 ausgemalten kleinen *Georgskirche* beim Dorf Kurbinovo am Prespa-See wird die Malweise von Nerezi bis ans Groteske heran übersteigert. Bei der *Heimsuchung* zum Beispiel ist Maria eine wenig schöne, keineswegs mehr mädchenhafte junge Frau, Elisabeth eine verhärmte Greisin; beide eilen heftig aufeinander zu, die flatternden Gewandsäume unterstreichen die Hast der stürmischen Begegnung, in der sich die beiden werdenden Mütter merkwürdig hölzern umarmen, wobei die gegenseitig auf die Schultern gelegten Hände riesenhaft vergrößert sind; die Gestalten sind übergroß und überschlank mit überlangen Beinen und viel zu kleinen Oberkörpern und Köpfen; die Gewandfalten sind sehr dicht und zwischen den ausschreitenden Beinen lebhaft bewegt, bei Elisabeth bilden sie im unteren Teil gekröseförmig aufgewirbelte Partien; beide Frauen schweben über der in Wellen angedeuteten Bodenlinie, als seien sie im Schwung der Begrüßung aufeinanderzugesprungen; aus den Fenstern des Rundturmes hinter Elisabeth flattern Vorhänge, die in den Begrüßungssturm hineingerissen zu sein scheinen. Was in Nerezi zu hoher Ausdruckskraft gelangt

»Heimsuchung Mariä«,
1191,
Fresko.
Kurbinovo,
Georgskirche

war, wurde hier übersteigert und manieriert; was dort expressiv war, wurde hier häßlich; was dort mit berechnendem Geschick und Zurückhaltung komponiert war, geriet hier in übertriebene Dynamik und in die Bereiche einer heftigen Theatralik*. Das herausragendste Gegenbeispiel dazu sind die Reste eines Weltgerichtes in der *Demetriuskirche* von Vladimir, der Residenz des östlichsten russischen Fürstentums des Mittelalters, einer Stiftung des Großfürsten Vsevolod II. aus den Jahren 1194–97, zu deren Ausschmückung er byzantinische Maler berief. Von ihren Arbeiten blieben die Apostel in der Südkappe der Emporengewölbe mit den hinter ihnen stehenden Engeln. Sie sind eine vollendete, ja steigernde Übernahme des Menschenbildes von Daphni. »Die Apostel unterhalten sich miteinander; ihre schlanken, wohlgeformten Gestalten in ungezwungener Bewegung sind von fließend in Falten liegenden Gewändern umhüllt. Ihre Gesichter sind von strenger Schönheit und tragen individuelle Züge, die jeden einzelnen besonders lebendig erscheinen lassen. Ebenso fein gezeichnet und schön sind die Engel«*. Zwischen diesen beiden Extremen stehen die Malereien vom Jahre 1192 in die Kirche *Panhagia tu Araku* bei Lagudera auf Zypern* und im *Kloster des hl. Neo-*

»Anastasis«, 1183, Fresko (Ausschnitt). Kloster Hagios Neophytos bei Ktima (Zypern), Enkleistra *phytos* bei Ktima in der Enkleistra (Höhlenklause) des Heiligen, die im Jahre 1183 von Theodoros Apseustes ausgemalt wurde. Die Gestalten sind hier so schlank wie in Kurbinovo, auch kommen übertriebene Bewegungen und Haltungen vor, ebenso gelegentlich die wulstigen Falten, aber die Körper haben kräftiges Volumen, die Gesichter sind nicht verhäßlicht und manchmal, besonders bei den Engeln, von gleicher Schönheit wie in Vladimir. Theodor Apseustes verleugnete nicht das Kunstwollen seiner Zeit, aber beruhigte, entzerrte, vermied die Überzeichnung, näherte sich wieder mehr dem klassischen Erbe, das er als Korrektiv benützte. Der Maler von Lagudera hat bei gleicher Grundtendenz gelegentlich noch klassizistischere Gesichter geschaffen. Man hat diesen Stil neoklassisch oder neohellenistisch genannt. Unbestreitbar ist, daß hier ein Ausweg aus der allzu großen Emphase der spätkomnenischen Zeit gesucht wurde, daß eine neue, vorsichtige Auseinandersetzung mit dem begann, was am Anfang der mittelbyzantinischen Zeit in enger Anlehnung an die Antike geschaffen worden war. Der byzantinische Maler in Vladimir ist noch einen Schritt weiter gegangen als Theodor Apseustes und der Maler von Lagudera, indem er die Spitzenleistung des ausgehenden 11. Jahrhunderts wiederbelebte und noch steigerte. Aber die Tendenz dieser Stilrichtung ist klar und sollte sich als zukunftsträchtig erweisen, während der in Kurbinovo eingeschlagene Weg nicht weiter gegangen wurde. Nur der Maler, der 1196 einen 1183 freigebliebenen Teil der *Enkleistra des hl. Neophytos* ausschmückte, hat sich eher an die Stilrichtung von Kurbinovo als an die des Theodor Apseustes gehalten, dabei aber auch die lauten und heftigen Akzente seines festländischen Zunftgenossen vermieden und eine strenge, harte, flächengebundene und feierliche Malerei geschaffen, in der die Linie das Bild beherrscht, eine fast abstrakte Stilisierung alle Details in ein festes Schema zwingt und Gestalten von erhabener, aber finsterer, fast drohender Ausdrucksstärke entstehen. Auch diese Möglichkeit wurde nicht weiter verfolgt, die Zukunft gehörte den Neoklassikern.

Als letzter Zweig bleibt noch die Tafelmalerei, die wir Ikonenmalerei zu nennen pflegen*. Schon in der Zeit des Ikonoklasmus begann der Übergang von der Enkaustik, die sich in Randgebieten bis ins 10. Jahrhundert hielt, zur Temperamalerei, die eine größere Differenzierung erlaubt. Als ein frühes Beispiel dieser neuen Maltechnik sei eine *Kreuzigungstafel* des Sinai-Klosters aus dem 9. Jahrhundert angeführt, die etwa der malerischen Entwicklungsstufe des Gregorkodex Basileios' I. entspricht*. Aus dem 10. und 11. Jahrhundert ist nur sehr wenig erhalten. Wir nennen die etwas steif und trocken gemalte Tafel mit den *Heiligen Zosimos und Nikolaos*, die, von der makedonischen Renaissance unberührt, die vorikonoklastische Tradition fortsetzt, und eine an der Grenze zum 11. Jahrhundert stehende des *Apostels Philippos*, die etwa die Stilstufe des Menologions Basileios' II. repräsentiert. Eine Ikone des allverehrten Nothelfers *Nikolaos* aus dem 11. Jahrhundert nähert sich schon der Malweise der Ohrider Sophienkirche, nur ist sie noch kraftvoller und weniger expressiv. Im 12. Jahrhundert setzen die Zeugen in dichter Folge ein. Wir nehmen als Beispiele einige Ikonen, die wie die vorigen alle im Sinai-Kloster sind: das *Wunder Michaels* in Chonai, das dem Oxforder Neuen Testament nahesteht; einen *Michael*, der fast schon die Sensibilität der Malerei von Nerezi erreicht; einen *Gabriel* aus einer Verkün-

»Des Erzengels Michael Wunder bei Chonai«, frühes 12. Jhdt, Ikone. Sinai, Katharinenkloster

»Erzengel Gabriel«, um 1190, Ikone (aus der »Verkündigung an Maria«). Sinai, Katharinenkloster

digungstafel, die der Stilstufe von Lagudera entspricht. Diese Ikonen, denen viele zur Seite gestellt werden könnten, beweisen, daß die Ikonenmalerei die gleiche Entwicklung der malerischen Ausdruckformen mitmacht, die wir in der Buch- und Monumentalmalerei verfolgen können.

Gegen 1200 kommt zu der Ikonenmalerei auch das Miniaturmosaik hinzu. Mosaikikonen gab es schon vorher, eine *Tafel Christi des Erbarmers* (Berlin) mag das belegen. Um 1100 entstanden, zeigt die fast 75 cm hohe Tafel bereits die Technik späterer Miniaturmosaiken: Glassteinchen sind in Wachs gebettet, das auf Holz aufgebracht ist. Die Smalten sind noch ziemlich groß, Setztechnik und Wirkung sind die des Wandmosaiks. Jetzt aber wird das Material sehr viel feiner, zum Teil stecknadelkopfgroß; nun kann man mit den Smalten einen malerischen Effekt erreichen, der sich nur wenig von dem mit dem Pinsel produzierten unterscheidet. Als eines der frühesten Beispiele dieser verfeinerten Technik stehe eine

»Madonna mit Kind«, um 1200, Mosaik (Glas in Wachs auf Holz). Sinai, Katharinenkloster

um 1200 entstandene *Madonna* (Sinai-Kloster), die aus der neoklassischen Richtung kommt.

Ehe wir die hier nur kurz angesprochene Ikonenmalerei verlassen, muß noch die wohl schönste mittelbyzantinische Ikone gewürdigt und ein Wort zum geistigen Hintergrund der religiösen Malerei und zur Bedeutung der Ikonen gesagt werden. Die Ikone, an der wir nicht vorbeigehen dürfen, ist die berühmte *Gottesmutter von Vladimir* (Moskau, Tretjakov-Galerie). Um 1130 in Konstantinopel entstanden, kam sie bald nach Vladimir und wurde zur höchstverehrten Ikone Rußlands, die später nach Moskau überführt wurde. Ihr Erhaltungszustand ist recht schlecht; die Gesichter von Mutter und Kind sind zwar beschädigt, haben aber noch ihre alte Schönheit bewahrt. Angesichts dieser Tafel versteht man, daß die Russen diesen Madonnentypus »Gottesmutter der Rührung« (Umilenje) genannt haben. Einmal bestimmt das innige, ganz menschlich-zärtliche Miteinander von Mutter und

Kind den Eindruck, zum anderen die melancholisch-traurige Versunkenheit des Marienantlitzes. Fromme Deutung hat das so verstanden, daß Maria das künftige Geschick des sie liebevoll umarmenden Sohnes voraussieht und darüber trauert. Mag das auch ein produktives Mißverstehen sein – an diesem Bild erkennt man, im Vergleich mit der Elfenbeinstatuette des 7. Jahrhunderts, den weiten Weg, den die byzantinische Kunst in einem halben Jahrtausend zurückgelegt hat: von der idolhaft fernen Majestät jener Frühform des Typus bis zu der zarten Menschlichkeit dieser Ikone, von der starren Feierlichkeit bis zur rührenden Melancholie. Man sagt der byzantinischen Kunst gern nach, sie sei starr und ohne Entwicklung gewesen. Wer wollte das angesichts dieses Weges aufrechterhalten?

Dieser falsche Vorwurf der Starrheit resultiert einmal daher, daß man zunächst Arbeiten der nachbyzantinischen und der russischen Kunst kennenlernte, zum anderen aus der für den abendländischen Christen befremdlichen Tatsache, daß die byzantinische Kunst für die künstlerische Phantasie bei der Darstellung Christi, Mariä, der Engel und der Heiligen wie bei der Gestaltung von zentralen Ereignissen der heiligen Geschichte wenig bis keinen Spielraum ließ. Von gelegentlichen Manierismen abgesehen, haben die heiligen Gestalten stets etwa dasselbe Aussehen wie in den Anfängen ihrer Darstellung. Ein einmal geschaffenes Idealporträt bleibt maßgebend; Abweichungen sind nur in geringem Maße möglich, sie führen nie zu entscheidenden Veränderungen. Berühmte, besonders verehrte Bilder werden immer wieder kopiert – hat ein Bild erst einmal den Ruf errungen, wundertätig zu sein, wird es stets aufs Neue wiederholt. Das zentrale Heilsgeschehen, zum Beispiel die Geburt oder die Taufe Christi, die Entschlafung (Koimesis) der Gottesmutter, Pfingsten und andere Themen werden stets einigermaßen nach demselben Schema dargestellt; für manche weniger bedeutsame Ereignisse, beispielsweise Michaels Wunder bei Chonai, gilt dasselbe. Daß dabei dem Kenner französischer, italienischer oder deutscher Kunst des Mittelalters sich der Eindruck der Entwicklungsunfähigkeit, des starren Festhaltens an einmal anerkannten Schemata aufdrängt, ist verständlich, verkennt aber einerseits, wie sehr die aus diesen Bereichen abgedrängte künstlerische Phantasie sich auf die subtile Gestaltung und Veränderung des Stiles wirft, andrerseits, daß seit dem 13. Jahrhundert sich auch in der Ikonographie eine Lockerung anbahnt, und zum dritten, daß dieses Festhalten an überkommenen Formen nicht mangelnde künstlerische Beweglichkeit, sondern einen byzantinischen Konservativismus wie auch eine bestimmte Frömmigkeit ausdrückt.

Daß dem Konservativismus alles »Neue« verdächtig und ablehnenswert schien, sahen wir schon. Wichtiger aber ist sicher die Frömmigkeit. Das Konzil zu Nikaia von 787 hatte nur festgelegt, daß und wo Bilder vorhanden sein müßten, daß sie zu verehren seien und daß die ihnen erwiesene Verehrung auf ihr Urbild (Prototyp) übergehe. Eine Aussage über das Wesen der Bilder, wie sie in den Verhandlungen des Konzils mehrfach vorgetragen worden war, etwa aus den Schriften des Johannes von Damaskus, erfolgte nicht, die von ihm entwickelte Bilderlehre wurde nicht dogmatisiert; ebensowenig dogmatisierte das Konzil von 842–43 die noch subtileren Aussagen des Patriarchen Nikephoros oder des Theodoros Studites. Aber das im Horos von 787 stehende Wort »Prototyp« war der Nagel, an dem die Anschauungen der beiden Mönchstheologen und des Patriarchen aufgehängt werden konnten und so auch ohne konziliare Absegnung wirksam wurden. Johannes von Damaskus hatte zwei Begriffen in seiner Bilderlehre zentrale Bedeutung gegeben: Ähnlichkeit (Homoioma) und Abdruck (Ektypoma). Für ihn hat das Bild den Sinn, etwas real Existentes, das aber dem Menschen verborgen ist, zu manifestieren; das Existente, also der Prototyp, muß schaubar sein, um abgebildet werden zu können – daher ist Gottvater nicht abbildbar, denn er ist unschaubar; Christus, Maria, die Engel und die Heiligen aber waren einst schaubar, also sind sie auch abbildbar. Hier werden die »Ähnlichkeit« und der »Abdruck« wichtig: Weil es sich um ein Abbilden handelt – bei freiem künstlerischen Schaffen kämen von Gott verbotene Götzenbilder heraus –, muß das Abbild dem Urbild der Gestalt nach ähnlich sein; es ist gleichsam ein Abdruck der dargestellten Person, also deren Wirkung, wenn man die Person als Ursache nimmt. Theodor Studites hat das später dahingehend erweitert, daß das Urbild das Abbild notwendig in sich trage, daß beide unzertrennlich seien, daß das Abbild mit dem Urbild identisch sei in der Ähnlichkeit, nicht in der Substanz. Für Johannes nun hat das Bild, gleichsam eine zweite Setzung des Urbildes, auch Anteil an dessen Rechten und Wirkungsmöglichkeiten. Hierin wirkt die neuplatonische Idee vom Bilde nach, wonach das Bild auf der Grenze zwischen der geistigen und der materiellen Welt steht, an beiden Anteil hat und zwischen beiden vermittelt. Um nicht allzutief in die theologischen Spekulationen einzusteigen, was ja die breite Masse der Bilderverehrer zweifellos auch nicht tat, wollen wir nur noch fragen, wie denn ein Maler die Ähnlichkeit erreichen konnte, woher er wußte, wie Christus, Maria, die Engel und die Heiligen aussahen, und woher wohl Johannes von Damaskus und die Bilderverehrer die Gewißheit nahmen, daß die Bilder an der Wirkungsmächtigkeit der Dargestellten Anteil hätten. Quelle ist in beiden Hinsichten der schier unerschöpfliche Born der Legende. Man wußte nicht nur von den Acheiropoieten*, deren berühmtestes, das sogenannte Abgar-Bild von Edessa (oder Mandylion)*, im Jahre 944 von Romanos I. dem Emir von Edessa abgehandelt wurde (mitsamt seiner wunderbaren Verdoppelung auf einer Ziegelplatte, die das Bild lange Zeit bedeckt haben soll) und zum Reichspalladion aufstieg, und nicht nur von Lukas dem Maler, sondern auch von einem Maler zu erzählen, der die drei Weisen aus dem Morgenland und ihre Anbetung gemalt habe, von einem Kruzifix, den Nikodemos habe herstellen lassen, von gestickten Bildnissen von der Hand Mariä, von Acheiropoieten der Gottesmutter usw. Von den heiligen Bischöfen gab es Bilder in den Porträtreihen der Kathedralen, von Märtyrern zahlreiche Darstellungen von Zeitgenossen – kurz, die Legenden wußten für jede heilige Gestalt ein authentisches Bild zu nennen, das zeigte, wie sie wirklich ausgesehen hatte. An diese ersten Abbilder mußte man sich halten, wenn man der Wirkungsmöglichkeiten eines Heiligen durch sein Bild teilhaftig werden wollte. Wohl gemerkt, das alles ist Gewächs auf dem fruchtbaren Acker der Legende, es konnte beim Konzil von 787 in ermüdender Breite vorgetragen werden, zusammen mit all den wunderlichen Geschichten von den Wundern, die von diesem oder jenem Bild getan worden waren und die These vom Dasein der Wirkungsmächtigkeit des Dargestellten erhärteten; das Wunder wurde zwar nie offizielle Kirchenlehre und fand auch keinen Eingang in die Liturgie der feiernden Kirche, wurde aber inbrünstig geglaubt und zur Wurzel jenes immer sich wiederholenden Kopierens der Bildtypen. Man kann sagen: Es setzte die heilige Pflicht zur Kopie und engte so den Spielraum künstlerischen Schaffens durch das Ausschalten der gestaltenden Phantasie arg ein. So ist ein heiliges Bild in der Orthodoxie etwas ganz und grundlegend anderes als ein Heiligenbild im Katholizismus; es empfängt für den Gläubigen seinen wahren Wert nicht durch die künstlerische Kraft seiner Darstellung, sondern aus der Ähnlichkeitsbeziehung zu seinem Urbild, aus deren Abdruckcharakter als Abbild eines real Seienden. Primär ist die Ikone – hier im umfassendsten Sinne dieses Begriffes als religiöses Bild – Träger einer religiösen Funktion, sie »gehört ihrem Wesen nach, das heißt nach den Intentionen, die sich an sie knüpfen und denen der Künstler, unabhängig von seinem Können und Wollen, vorweg Rechnung tragen muß, in den religiösen Bereich. Aus ihm heraus muß sie gedeutet, und erst dann kann sie der kunsthistorischen Kritik überantwortet werden«*.

»Der Eltern Freude über die Geburt Mariä«, frühes 12. Jhdt, Miniatur (aus einer Handschrift der »Homilien« Jakobs von Kokkinobaphu). Rom, Città del Vaticano, Biblioteca Apostolica Vaticana, Ms. gr. 1162

Plastik und Kleinkunst

Entgegen einem lange gehegten und weit verbreiteten Vorurteil, die Plastik habe der Malerei in Byzanz völlig das Feld räumen müssen, hat es Skulpturen sehr wohl gegeben. Daß die Plastik vom Konzil von Nikaia 787 verboten worden sei, ist eine Legende; eher stimmt das Gegenteil, denn ihr Horos fordert ja gerade, daß Bilder, »seien sie nun aus Farben oder Stein oder einem anderen Material«, vorhanden sein müßten, womit alle Möglichkeiten künstlerischer Gestaltung und Technik eröffnet werden. Wir wissen außerdem, daß nach dem Bilderstreit plastische Darstellungen, die ihm zum Opfer gefallen waren, erneuert wurden*. Kaiserstatuen gab es auch weiterhin*, und nichts steht ernstlich der Annahme im Wege, daß es auch kirchliche Rundplastik gab*. Nur blieb von alledem nichts erhalten, wie auch die Zeugnisse der Reliefplastik nur verstümmelt und bruchstückhaft auf uns gekommen sind. Das liegt daran, daß ein großer Teil der christlichen Kirchen nach der osmanischen Eroberung in Moscheen umgewandelt und von allem, was dem strengen Bilderverbot des Koran zuwiderlief, gereinigt wurde. Fresken und Mosaiken konnte man übertünchen, Plastik aber mußte man herausbrechen, zerschlagen – oder wenigstens, wenn sie aus dem architektonischen Verbund nicht zu lösen war, ohne diesen zu gefährden, ihre Gesichter wegmeißeln. Was aus Bronze war, dürfte eingeschmolzen und mindestens zum Teil den Kanonengießereien des Sultans »nützlicher Verwendung« zugeführt worden sein. So ist die Überlieferung erbärmlich lückenhaft und zufällig. Am reichsten und besten erhalten ist noch, was die Venezianer zwischen 1204 und 1261 in ihre Stadt entführten. Vieles davon ist an und in S.Marco in die Mauern eingelassen, im Inneren leider so stark vergoldet, daß die Feinheiten der Reliefs verdeckt sind.

Was wir kennen, gehört größtenteils dem Bereich der Reliefikonen an*, das heißt, es sind Flachreliefs mit Einzelfiguren, die als Andachtsbilder in den Kirchen oder als Schmuck heiliger Quellen dienten. Auffällig oft kommt nämlich unter diesen Reliefs eine *Betende Maria* vor, deren beide Handflächen durchbohrt sind; in den sorgfältig ausgeführten Bohrlöchern finden sich manchmal noch Reste von Blei, also von Wasserrohren*. Diese verwunderliche Verwendung einer großen Mariendarstellung hat ihren Ursprung in Konstantinopel in der Blachernen-Kirche. Kaiser Konstantin VII. Porphyrogennetos berichtet*, daß der Kaiser alljährlich einmal in der Unterkirche dieses Heiligtums ein rituelles Bad nahm, zu dem das Wasser aus den Händen einer »Marmorjungfrau« in das Becken floß. Dieses Urbild der betenden Maria mit den durchbohrten Händen, die das Wasser einer heiligen Quelle in ein Becken leitete, ist uns nicht erhalten, wohl aber mehrere Kopien*. Eine von ihnen – die größte bekannte (von Überlebensgröße) – wurde im Manganenviertel an der Saray-spitze in Istanbul in Bruchstücken aus einem Brunnen geborgen. Sie wird vermutungsweise mit Kaiser Konstantin IX. in Verbindung gebracht und gehört sicher dem 11. Jahrhundert an. Die erstaunliche Feinheit des Reliefs kontrastiert mit der Steifheit ihrer Haltung, bei der Stand- und Spielbein nicht mehr geschieden werden. Näher dürften dem Original ein in Istanbul gefundenes, ebenfalls stark fragmentiertes kleines Stück (heute in Berlin) und ein voll erhaltenes, aber farbverkleistertes Relief (Vene-

»Betende Maria«,
spätes 11. Jhdt,
Marmor.
Ravenna,
S. Maria in Porto

dig, S.Marco) stehen, die im frühen 11. Jahrhundert entstanden, und die einwandfrei erhaltene Ikone, die als Altarbild (Ravenna, S.Maria in Porto) dient. Diese Ikone, die nach einer Legende um 1100 aus Konstantinopel nach Ravenna gelangt sein soll*, läßt als einzige noch das ursprüngliche Aussehen dieser Tafeln erkennen; kleine vergoldete Kreuze schmücken die Gewänder der Jungfrau (bei den fragmentierten Stücken wie auch bei den anderen nach Italien verbrachten ganz erhaltenen, wie der im Museo Nazionale in Messina, sind nur die Befestigungslöcher für diese Kreuze erhalten); Maria steht mit locker aufgesetztem Spielbein in strenger Frontalität, die Hände im antiken Gebetsgestus erhoben. Die kräftige Körperlichkeit der Figur, verbunden mit einer Faltengebung teils aus flach aufliegenden Stegen, teils aus flach eingegrabenen Furchen, läßt eine Entstehung der Tafel im späteren 11. Jahrhundert vermuten. Eng mit ihr verwandt ist, leider auch stark vergoldet, eine *Platytera** (Venedig, S.Marco). Genauere Datierungen sind bei der Lückenhaftigkeit des Materials kaum möglich. Einen anderen Marientypus, den der *Hodegetria*, zeigt ein Relief, das in Istanbul im Bereich der Panachrantos-Kirche gefunden wurde und das durch den Vergleich mit einem Serpentin-Tondo, der für Nikephoros III. gearbeitet wurde*, in die Zeit um 1080 datiert werden kann; es fügt sich der Wiederaufnahme von Gestaltungsformen der makedonischen Renaissance gut ein, die in der kurzen Regierungszeit dieses Kaisers sich bemerkbar machte. Eine *Verkündigung* auf zwei gesonderten Reliefikonen (an Ss.Giovanni e Paolo in Venedig eingemauert) repräsentiert etwa die Stilstufe der Mosaiken von Daphni, während eine *Fürbittende Maria* (Washington) den komnenischen Stil des frühen 12. Jahrhunderts widerspiegelt, eine des *Hl. Demetrios* (Venedig, S. Marco) den des ausgehenden 12. Jahrhunderts*. Viele der anderen Reliefikonen sind überarbeitet, sehr beschädigt oder sehr provinziell, eine Entwicklung der Reliefplastik läßt sich aus diesen geringen Resten nicht mehr lückenlos darstellen.

Neben den Reliefikonen gab es auch profane Reliefs. Als Beispiele seien ein aus Venedig stammender *Marmortondo eines Kaisers* aus dem endenden 12. Jahrhundert, eine wenig sorgfältige Arbeit, die vielleicht auch in Venedig entstanden ist, und eine *Him-*

melfahrt Alexanders des Großen (Venedig, S.Marco) genannt, eine dekorative Arbeit in einer Art Wappenstil, die ohne rechte Parallelen dasteht; da sie zur venezianischen Beute von 1204 gehört, muß sie vor diesem Datum entstanden sein, ohne daß wir sie zeitlich überzeugend einordnen können. Immerhin geben uns diese beiden Reliefs den sicheren Beweis für das Fortleben der Plastik auch außerhalb des kirchlichen Raumes. Nehmen wir hinzu, daß es in mittelbyzantinischer Zeit auch Reliefs mythologischen Inhaltes gab, wie ein *Pan* (Berlin) und ein *Kairos* (Torcello) beweisen, so ahnt man wenigstens von ferne, welche Rolle die Plastik in dieser Epoche noch gespielt haben muß. Für die dekorative Plastik, vornehmlich als *Schrankenplatten* in Kirchen verwendet, seien eine Platte an S.Marco mit zwei Greifen zu seiten eines Kantharos und die in S.Maria Assunta auf Torcello als bezeichnend genannt. Die nach Venedig verschleppte Platte ist von einem ähnlich klaren heraldischen Aufbau wie die Himmelfahrt Alexanders; die Platten in Torcello sind kleinteiliger und mit betonten Schatteneffekten gearbeitet, wirken aber zum Teil einigermaßen mißlungen, zum Beispiel in den fast komischen Löwenköpfen, während andere Tierdarstellungen sehr lebendig und gekonnt sind und an antike Traditionen anknüpfen.

»Fürbittende Maria«,
frühes 12. Jhdt,
Marmor.
Washington (D. C.),
Dumbarton Oaks
Collection

Bedeutender ist, was an Elfenbeinschnitzereien auf uns gekommen ist. Das erklärt sich leicht sowohl aus der Kleinheit dieser Kunstwerke, die leicht zu transportieren waren, als auch aus ihrer sehr großen Beliebtheit im westlichen Europa, wo man solche meist sakralen kleinen Kostbarkeiten aus der Atmosphäre jener Stadt mit der größten Anhäufung von Reliquien, das heißt von dinglicher Heiligkeit, aus dem Umkreis des viel beneideten und insgeheim seiner Traditionen wegen doch sehr bewunderten Kaiserhofes, heiß begehrte und sorgsam pflegte. Das meiste dessen, was wir an Elfenbeinarbeiten besitzen, stammt aus Kirchenschätzen oder befindet sich noch heute in ihnen; als Geschenke aus dem Ostreich, als Mitbringsel von Pilgern, Gesandten oder Kaufleuten, zum Teil wohl auch aus dem Brautschatz der Theophano, der Gemahlin Kaiser Ottos II., beziehungsweise dem Besitz ihres persönlichen Gefolges stammend, als Beute aus der Eroberung Konstantinopels 1204 durch die Kreuzfahrer und auf ähnlichen Wegen sind sie ins katholische Europa gekommen, andere gelangten in die von Byzanz für die Orthodoxie gewonnenen slavischen Länder; so haben sie überlebt als die wohl reichsten Zeugen für die Vielschichtigkeit und Höhe mittelbyzantinischer Kunst*.

Nach noch tastend uneinheitlichen Versuchen im 9. Jahrhundert brachte das 10. Jahrhundert den großen Aufschwung, an dem Werkstätten verschiedenster künstlerischer Ausdrucksformen Anteil hatten. Zwei von ihnen haben nachweislich für den kaiserlichen Hof gearbeitet. Aus der einen stammt eine fragmentierte Tafel, die die *Krönung Konstantins VII. Porphyrogennetos* zum Thema hat. In seinem prunkvollen Krönungsornat steht der Kaiser betend mit geneigtem Haupt vor Christus, der, auf einem reich verzierten Podest, dem Suppendion, stehend, dem Kaiser den Kronreif aufsetzt; Konstantins volltönender Titel ist neben ihm eingeritzt. Die Erscheinung des Kaisers und sein Titel lassen annehmen, daß die Tafel erst in der Zeit entstanden sein kann, als er 943 die Alleinherrschaft antrat*. Die beiden Gestalten sind sehr schlank und ein bißchen steif, ihre Beine überlang, ihre Köpfe im Verhältnis zur Körpergröße zu klein, was in Byzanz immer wieder künstlerische Mode war, ihre Gesichter charaktervoll häßlich, das Christi fast eine Karikatur, das des Kaisers ein keineswegs

»Christus krönt
Kaiser Konstantin VII.«,
945,
Elfenbein
(Tafel).
Moskau,
Historisches Museum

schmeichelhaftes Porträt. Die Gewandfalten sind klassischen Vorbildern durchaus nicht nachempfunden, zum Teil ganz flach reliefiert und bei Christus nicht gerade mit viel Verständnis für die Trageweise eines Palliums angeordnet. Die Arbeit wirkt nicht sehr sorgfältig, vielleicht war sie eines der zahllosen offiziellen Kaiserbilder, die beim tatsächlichen Regierungsantritt Konstantins VII. verschickt wurden und den Empfängern den von Gott erwählten Basileus der Römer als den vom himmlischen Pantokrator bestätigten Autokrator vor Augen führen sollten. Eine solche Herausstellung des unmittelbaren Verhältnisses zwischen Christus und seinem irdischen Stellvertreter war zugleich eine Kundmachung der Herrschaftsübernahme und ein Mittel zur Propagierung der byzantinischen Kaiseridee, die gerade dieser Kaiser in seinem großen Sammelwerk über das Hofzeremoniell so eindrucksvoll festgehalten hat*.

Sorgfältiger gearbeitet, klassischer Auffassung näher ist ein Triptychon, dessen Mittelteil die *Kreuzigung Christi* zeigt, die Seitenflügel die zur Mitte schauenden Gestalten der Apostel, Thomas, Petrus und Paulus und der ebenfalls zur Kreuzigung blickenden

»Kreuzigung Christi und Heilige«, Mitte 10. Jhdt, Elfenbein. Berlin (W), Staatliche Museen, Frühchristlich-byzantinische Sammlung ▶

Kirchenväter Basileios und Johannes Chrysostomos sowie Konstantins des Großen und seiner Mutter Helena tragen, die beide auf das der Legende nach von Helena gefundene wahre Kreuz Christi schauen, das sie gemeinsam halten. In der Ausführung klarer, mit einem härteren, wie eingebügelt anmutenden Faltensystem in den Gewändern, mit charaktervollen, nicht eben schönen Gesichtern und dem deutlichen Versuch, bei Maria und Johannes den Gesichtern einen emotionellen Ausdruck zu verleihen, ist diese Arbeit das wohl bezeichnendste Beispiel für diese Schnitzschule. Auch dieses Triptychon ist nicht frei von Propaganda: Thomas hatte – nach der Legende – von Maria vor ihrer Himmelfahrt ihren Gürtel erhalten, den die Chalkoprateia-Kirche in Konstantinopel zu besitzen sich rühmte; er galt, zusammen mit anderen Marienreliquien, als vornehmster und zuverlässigster Schutzwall der Stadt. Andreas, der ältere Bruder des Petrus, war nach kon-

stantinopolitanischer Legende der erstberufene Apostel Christi und der erste Bischof von Byzantion, wodurch der Patriarch von Konstantinopel als Amtsnachfolger der Bischöfe von Byzantion wie der römische Papst auf einer Kathedra apostolischen Ursprungs saß; Andreas' Gebeine waren 357 in die Kaiserstadt überführt worden; von Petrus besaß man die Hälfte der Ketten, mit denen er im Kerker in Jerusalem gefesselt worden war – die andere Hälfte hatte Kaiserin Eudoxia, die Finderin dieser Reliquien bei ihrer Pilgerfahrt nach Jerusalem 438, nach Rom geschenkt. Daß hier die beiden für Konstantinopel so wichtigen Apostel den beiden römischen Aposteln, an deren wichtigstem man ja am Goldenen Horn auch Anteil hatte, so betont gegenübergestellt werden, zeigt den Anspruch des konstantinopolitanischen Patriarchats gegenüber dem römischen Papsttum. Die beiden Kirchenväter galten als die Schöpfer der beiden bis heute gebräuchlichen Liturgien der orthodoxen Kirche, Johannes Chrysostomos war zudem Patriarch von Konstantinopel gewesen und einer der hoch verehrten Heiligen der Stadt. Schließlich beanspruchte Konstantinopel auch, im Besitz des von Helena gefundenen heiligen Kreuzes zu sein, das Herakleios 635 nach Konstantinopel überführt habe, als die Araber in Syrien eingefallen waren*. Hier wird also unaufdringlich, aber für den Kenner unübersehbar, der hohe Anspruch des Patriarchen von Konstantinopel ausgedrückt, ohne jedoch Rom herabzusetzen, dessen beide Apostelfürsten den konstantinopolitanischen gegenübergestellt sind, gleichrangig, aber nicht höherstehend. Empfindliche und für das Zeremoniell empfängliche Gemüter könnten höchstens aus der Tatsache, daß Andreas und Thomas heraldisch rechts (also vom Betrachter aus links) von Christus stehen, eine Bevorzugung dieser Apostel ersehen, galt das damals doch, wie auch heute noch, als der ehrenvollere Platz.

Etwas jüngere Werke dieser Richtung wie zum Beispiel das Harbaville-Triptychon, das die Verbindung zur zweiten höfischen Werkstatt herstellt, mildern die Expressivität der älteren weiter ab in Richtung auf das antikisierende Menschenbild der makedonischen Renaissance, die Gesichter werden klarer und schöner, die Proportionen natürlicher, die Haltungen lockerer, die Gewandfalten sparsamer, richtiger, bleiben aber flach und zum Teil nega-

»Deësis und Heilige«, 3. Viertel 10. Jhdt, Elfenbein (Triptychon Harbaville). Paris, Musée du Louvre ▶

tiv. Die invidueIle Ausdruckskraft des Antlitzes weicht einem gleichmäßig schönen, nur durch Haar- und Barttracht differenzierten Typus, die jugendlichen Heiligen sind einander ähnlich wie eineiige Zwillinge. Mit ihrer nivellierten Schönheit, ihrer antikisierenden Haltung, der sublimen Feinheit der Arbeit, dem Hauch von höfischer Eleganz und höfischem Zeremoniell stellt diese Schnitzerei den Höhepunkt der Anpassung an die Tendenz der makedonischen Renaissance dar. Das Höfische drückt sich auch im Thema klar aus: Die Deesis, die Fürbitte Mariä und Johannis des Täufers für die Christenheit beim himmlischen Herrscher Christus, ist zum kaiserlichen Konsistorium erweitert, in dem die fünf Apostel auf der Mitteltafel den Senat bilden, die vier prunkvoll gewappneten heiligen Krieger die Leibwache (Spatharier) und die Märtyrer in der Tracht vornehmer Hofbeamter den zivilen

Hofadel, der dann auf den Außenseiten der Flügel noch durch Kirchenväter und heilige Asketen als hohe Geistlichkeit ergänzt wird.

Hier ordnet sich die zweite direkt für den Hof geschnitzte Tafel ein, welche die *Krönung Romanos' II. und seiner Gemahlin Eudokia* zeigt* und schulbildend werden sollte. Dieses Krönungsbild muß für Romanos' II. Krönung zum Mitkaiser seines Vaters 945 gearbeitet worden sein; denn es stellt ihm noch seine erste Gemahlin zur Seite und gibt ihm nur den kürzeren und schlichteren Titel, den der Mitkaiser führte. Von dem Realismus, den man im Krönungsbild Konstantins VII. zumindest im Bildnis des Kaisers spürt, ist hier nichts vorhanden: Das kaiserliche Paar, beide dem Kindesalter noch nicht entwachsen, wird als erwachsen dargestellt, ihre Gesichter sind weich und ohne jeden individuellen Zug, die schlanke Gestalt Christi erinnert an die Apostel des Harbaville-Triptychons, sein Antlitz an das Christi auf demselben Triptychon, nur sind die Details und der Faltenwurf nicht so fein behandelt. Die sich an diese Tafel anschließenden Schnitzereien pflegt man die »Romanos-Gruppe« zu nennen*. Aus den zahlreichen hierher gehörigen Arbeiten kann nur eine kleine Auswahl gezeigt werden, zunächst eine Mitteltafel eines Triptychons (Utrecht) mit

»Christus krönt Kaiser Romanos II. und seine Gemahlin Eudokia«, Mitte 10. Jhdt, Elfenbein (Tafel). Paris, Bibliothèque Nationale, Cabinet des Médailles

»Maria Hodegetria«, 2. Hälfte 10. Jhdt, Elfenbein (Tafel). Utrecht, Erzbischöfliches Museum

dem Bilde der Madonna im Typus der *Hodegetria**; die sehr schlanke, fein ponderierte Gestalt der Jungfrau hält den segnenden Christusknaben auf dem linken Arm, weist mit der rechten Hand auf ihn und neigt ihm leicht den Kopf zu, ohne ihn dabei anzusehen. Das klare, schöne Antlitz Mariä ist von der klassischen Art, die die makedonische Renaissance so bevorzugte, das schiefe Gesicht des Kindes mit dem übergroßen Oberschädel dagegen ist einigermaßen mißlungen. Beide Köpfe sind in höherem Relief als die Körper gearbeitet, dennoch ist ein ausgeprägter Sinn für klare Plastizität spürbar, der auch die Faltengebung erfaßt und die nur eingeschnittenen Falten verdrängt hat. Ende des 10. Jahrhunderts wurde dieser Klassizismus dann auch in der Elfenbeinplastik in ähnlichem Sinne fortentwickelt, wie das in der Buchmalerei im Menologion Kaiser Basileios' II. geschah; eine Tafel (Wien, Kunsthistorisches Museum), zu der es ein Gegenstück (Florenz, Museo Archeologico) gibt, ist dafür Zeuge. Eine rund ein Jahrhundert jüngere Statuette (London, Victoria & Albert Museum) zeigt den Weg an, auf dem sich diese Richtung weiterentwickelt hat: Alles ist weicher geworden, aber die vornehme Eleganz der früheren Werke ist verloren. Neben vielen Madonnen, einzelnen Heiligen oder Paaren von Heiligen, die aus der

»Romanos-Gruppe« stammen, kennen wir auch szenische Darstellungen, zum Beispiel eine Tafel der *Himmelfahrt Christi* (Florenz), die von der üblichen Ikonographie dieser Szene erheblich abweicht, indem Christus auf einem Sternenglobus sitzt, statt in einer Mandorla emporgetragen zu werden, und die Engel, deren Worte an die Apostel zwischen den auffahrenden Christus und die Jüngergruppe graviert sind, von oben herabfliegen, statt zu seiten der Gottesmutter zu stehen; auch fehlt in der sorgsam angeordneten Apostelgruppe jene lebhafte Anteilnahme an dem wunderbaren Geschehen, die sich sonst in Haltung und Gestik auszudrücken pflegt; gerade vier von ihnen schauen überhaupt nach oben, die übrigen sind ins Gespräch vertieft, als gehe sie die Himmelfahrt ihres Herrn überhaupt nichts an. Die kühle Unbeteiligtheit der Männer mit den klugen, schmalen Gesichtern, ihre ruhige Haltung und zurückhaltenden Gesten, die nur schwach angedeutete Anteilnahme Mariä, all das ist im byzantinischen Himmelfahrtsbild, das im 6. Jahrhundert schon festgelegt war, ebenfalls ohne Parallele. Die größere Weichheit vieler Einzelformen im Vergleich zur Utrechter Madonna ist auf stärkere Abreibung der Oberfläche durch einen lang andauernden Gebrauch zu erklären und nicht als Zeichen einer anderen Zeit oder eines anderen Stilwollens. Nur lassen manche Gesichter, vor allem ältere, erkennen, daß wir uns etwa in der Phase befinden, die in der Buchmalerei durch das Menologion Basileios' II. eingeleitet wurde.

Von ganz anderer Art sind zwei weitere Schnitzschulen des 10. Jahrhunderts, die als »Malerische Gruppe« und »Nikephoros-Gruppe« bezeichnet werden. Das hervorstechende Werk der ersten ist die *Tafel der 40 Märtyrer von Sebaste* (Berlin)*. Die in reich variierten Haltungen stehenden Halbakte sind in einmaliger anatomischer Genauigkeit gearbeitet; die Gesichter, die Frisuren, die Reaktionen auf ihr Los sind individuell differenziert, vom Gebet und stiller Ergebung spannt sich der Bogen bis zum Zusammenbruch; besonders ergreifend ist die Gruppe vorne in der Mitte, wo ein Alter einen zusammensinkenden Jüngling hält, und links dahinter die, wo ein anderer Alter einem knabenhaften Leidensgefährten den Arm um die Schultern gelegt hat und mit ihm spricht. Über dieser Szene des Todes thront der himmlische Herrscher Christus und segnet die, die für ihn ihr Leben geben, während sechs Engel ihn anbeten. Große Teile des 17,6 cm hohen Reliefs sind tief unterschnitten und ganz vom Reliefgrund gelöst, so daß manche Figuren nahezu vollplastisch sind. In starkem Gegensatz zu dieser hohen Plastizität steht die völlig negativ-graphische Behandlung der Gewandfalten, ebenso auch die gelegentliche Verwendung eines feinen Bohrers in den Haaren. Diesem Schnitzwerke eignet keine klassische Schönheit, eher greift es auf die gesuchte Bewegtheit des hellenistischen Barock zurück und läßt so eine andere Spielart der Vergegenwärtigung des antiken Erbes erkennen. Eins noch ist an dieser Tafel wichtig: Sie trägt deutliche Spuren einstiger Bemalung – wir müssen uns alle diese Kunstwerke farbig vorstellen. Die künstlerische Reife dieser Tafel erhebt sie hoch über die Mehrzahl der Werke der »malerischen Gruppe«, die in vielen Details, zum Beispiel den Haaren, vereinfacht und härter gestaltet sind, aber von ähnlich heftiger Dynamik, wie beispielsweise eine Tafel der *Koimesis* (Bamberg, Domschatz) oder die nur 10,5 cm hohe mit dem *Ungläubigen Thomas* (Washington), die beide ins späte 10. Jahrhundert gesetzt werden. Die »Nikephoros-Gruppe« hat viel mit der »Romanos-Gruppe« gemein, unterscheidet sich aber von deren etwas überfeinerter Eleganz

»Vierzig Märtyrer«,
spätes 10. Jhdt,
Elfenbein.
Berlin (W),
Staatliche Museen,
Preußischer Kulturbesitz,
Frühchristlich-byzantinische
Sammlung

durch die derben, oft häßlichen Gesichter mit den kurzen, stumpfen Nasen und der wie schmollend vorgeschobenen Unterlippe sowie durch die summarische Behandlung der Details. Aus dieser Richtung kommen zahlreiche, oft kleine Tafeln mit den Büsten Christi oder der Hodegetria, die offenbar in Serien gefertigt sind und so etwas wie eine gehobene Massenware darstellen. Ein die obere Grenze der Möglichkeiten dieser Werkstatt bezeichnendes Produkt ist eine *Tafel mit der Kreuzigung* (Paris, Louvre).

Neben den christlichen Schnitzereien gibt es auch profane, die wohl für die führenden Kreise gearbeitet wurden, Kästen mit Szenen oder Figuren aus dem antiken Mythos. Man setzt die ältesten Stücke ins späte 10. oder frühe 11. Jahrhundert, weil sie gewisse, freilich nicht allzuenge Beziehungen zur »malerischen Gruppe« erkennen lassen. Das fügt sich ganz gut zu dem lebhaften Interesse an der Antike, das wir uns für diese Zeit der literarischen Sammlertätigkeit des Aretas verdeutlicht haben. Nur eines macht stutzig: die puttenhaften Figuren und der Sinn für Komik und das offenbare Nichternstnehmen des hier wiedergegebenen Mythos. Für die erste Eigentümlichkeit sei hier ein *Kasten mit Kampfszenen* (Paris, Musée de Cluny) genannt, für die andere ein *Kasten mit Einzelfiguren* (Florenz, Bargello), bei dem die

»Kreuzigung Christi«, spätes 10. Jhdt, Elfenbein (Tafel). Paris, Musée du Louvre

»Mythologische Figuren«, frühes 11. Jhdt, Elfenbein (Kästchen). Florenz, Museo Nazionale (del Bargello)

zweimalige Darstellung eines Löwenkampfes eher an einen Tierarzt erinnert, der dem Löwen in den Rachen schaut, als an Herakles, der mit ihm ringt; auf dem Deckel manifestieren die beiden feisten tanzenden Putti und ihr sich akrobatisch verrenkender Artgenosse die Freude am grotesken Karikieren. Der Mythos ist hier nur noch Vorwand, man illustriert nicht griechische Heldensage oder antike Tänze, sondern benutzt sie als Dekoration, ironisch amüsiert, nicht antiquarisch interessiert, verspielt und nicht aus Stolz auf die Vergangenheit. Das ist sehr deutlich eine grundsätzlich andere Haltung als bei Photios und Aretas. Eines verbindet diese wohl bis ins endende 11. oder frühe 12. Jahrhundert fortreichende Produktion als ein äußeres Merkmal ihrer Struktur: Die figürlich geschmückten Platten, die auf einen Holzkasten montiert sind, werden von Leisten mit einem fortlaufenden Kreismuster gerahmt, die entweder durchweg mit scharf geschnittenen Rosetten oder im Wechsel dazu mit karikierenden Nachahmungen archaischer oder hellenistischer Münzporträts gefüllt sind. Es gab auch christliche Kästchen ähnlicher Art, meist mit alttestamentlichen Szenen, die im 11. Jahrhundert rasch an Qualität hinter den profanen zurückblieben.

Ein Unikum unter den Elfenbeinkästchen gelangte in den Schatz der Kathedrale von Troyes. Auf den Langseiten sind *Jagdszenen* dargestellt und auf dem Deckel eine verkürzte Darstellung einer *Stadt*, aus deren Tor eine antik aufgefaßte Stadtgöttin mit einem Kaiserdiadem auf den Händen herauseilt; zwei Kaiser, spiegelbildlich identisch, reiten im Panzer und mit einer Lanze bewaffnet langsam von der Stadt weg. Das ist ein schönes Stück kaiserliche Propaganda oder der Schmeichelei für einen Kaiser: Dieser umreitet unermüdlich seine Stadt, zu ihrem Schutz gerüstet – Konstantinopel ist wohl gemeint; die Stadt aber, deren Volk für die Kaiserwahl mit zuständig ist, trägt ihm die Krone an*. Die Schnitzerei entzieht sich jeder genaueren Datierung, denn ihre geringe künstlerische Qualität – die Seitenwände sind sorgfältiger gearbeitet als das ideologisch bestimmte Deckelbild – läßt die Einordnung in bekannte Schnitzgruppen nicht zu. Die Form der Krone schließt eine Ansetzung nach dem frühen 11. Jahrhundert aus, aber der Kaiser ist nicht zu identifizieren*. Das ist auch gar nicht so wichtig, bedeutsam ist in erster Linie, daß hier ein Kunstwerk als Träger der bildgewordenen Kaiserideologie dient; auch die beiden Jagdbilder an den Langseiten sind im gleichen Zusammenhange zu sehen; denn die Jagd war die vornehmste und seines Amtes würdigste Beschäftigung eines Kaisers in Friedenszeiten, kein bloßer Zeitvertreib, sondern zugleich Kampftraining und Ausweis seiner Herrschaft auch über die wilden Tiere. Der Kasten wird ein kaiserliches Geschenk gewesen sein, wohl für einen ausländischen Herrscher, der in die Konstruktion der »Familie der Fürsten« eingeordnet war oder werden sollte, die man erdacht hatte, um den großen Abstand zwischen dem Anspruch, in Christi Stellvertretung die Oikumene zu regieren, und der rauhen Wirklichkeit zu überbrücken, indem den einzelnen christlichen Herrschern Verwandtschaftsgrade zugeteilt wurden, die ihre Unterordnung unter den Kaiser als Pater familias behaupteten*.

Im Laufe des 11. Jahrhunderts nahm die Produktion der Elfenbein-Schnitzer ab; die Schnitzerei in Stetatit (Speckstein) schob sich langsam an ihre Stelle. Dieses Material, schon vorher gern verwendet, war nicht nur leichter zu bearbeiten, sondern vor allem auch billiger als Elfenbein und brauchte nicht importiert zu werden. Die wirtschaftliche Lage des Reiches hatte sich im Laufe des 11. Jahrhunderts rasch durch Mißwirtschaft und Verschwendungssucht verschlechtert, außenpolitisch schien es dem Abgrund zuzusteuern*. Da ist es nicht verwunderlich, daß man auf kostbares Importgut wie Elfenbein verzichten mußte, man kann eher staunen, daß noch ein so bedeutsames künstlerisches Leben blühte, wie es die erhaltenen Kunstwerke bezeugen. Daß trotz des wirtschaftlichen Ausblutens, der ständigen Kriege und des rapiden Machtverfalls vor Alexios I. Komnenos (1081–1118) und dann wieder nach Andronikos I. Komnenos (ermordet 1185) Kunstwerke von großer Eindringlichkeit, in bedeutender Zahl und zum Teil von richtunggebender Innovation entstanden, erhellen die Beispiele aus der Malerei. Aus der Elfenbeinschnitzerei sei noch einmal auf die Statuette im Londoner Victoria & Albert Museum verwiesen, die in den Jahren vor Alexios I. oder in seinen frühen Jahren entstand. Ihr zur Seite können wir eine ebenfalls im Victoria & Albert Museum zu London befindliche Tafel stellen, die *Johannes den Täufer zwischen vier Heiligen* zeigt, die alle für Konstantinopel wichtig waren, weil man von ihnen ebenso wie vom Täufer Reliquien besaß. Sorgfältiger gearbeitet als die Statuette, erinnern vor allem die schmalen Köpfe der beiden Alten, des Täufers und des Apostels Andreas, ebenso wie die feinen, nervigen Hände an die Gestalten des Athener Cod. 57. Aus dieser letzten Verfeinerung des Stiles der »Romanos-Gruppe« oder seiner verfeinerten, etwas müden Wiederaufnahme erwächst dann jener kräftige und doch elegante, die Verhäßlichung nicht scheuende Schnitzer, der einen Elfenbeinkasten mit Büsten Christi, Mariä, des Täufers und der Apostel schuf, der als ein Werk von fast abweisender Strenge für uns das einmalige Beispiel eines neuen Auftriebes in diesem edlen Kunsthandwerk ist. In den Provinzen wurde noch manches gearbeitet, was sich von den großen hauptstädtischen Traditionen entfernt, die sich hier noch einmal zu hoher Leistung erneuert haben. Wir können es beiseite lassen wie die rasch sich steigernde Produktion in Steatit, die oft mehr frömmigkeits- als kunstgeschichtlich ergiebig ist – über Wesen und Geist der byzantinischen Kunst sagen sie nichts aus, was wir nicht besser aus den Meisterwerken entnehmen könnten.

Schwächer als die Elfenbeinplastik ist die Metallplastik bezeugt, ihre Werke lockten wohl zu sehr zum Einschmelzen. Einige hervorragende Werke haben sich aber erhalten und geben Kunde von der Höhe der Toreutik und davon, daß sie sich der mittelbyzantinischen Stilentwicklung bruchlos einfügte. Eine silbergetriebene Patene (Halberstadt, Domschatz), steht der »Romanos-Gruppe« sehr nahe; ein vergoldetes Triptychon in Bronzeguß (London, Victoria & Albert Museum) gehört in die Stilstufe der Madonnenstatuette (im selben Museum), und eine vergoldete Bronzeplatte aus Torcello (ebenfalls im selben Museum) zeigt eine Hodegetria, die vollendet den »neoklassischen« Stil verkörpert.

Ein letztes und auch außerhalb des Reiches hochgeschätztes Gebiet der höfischen Kunst muß noch betreten werden, der Zellenschmelz. Durch ganz vereinzelte Exemplare schon für die frühbyzantinische Zeit bezeugt, erlebt die Emailkunst in der mittelbyzantinischen Epoche ihre Hochblüte. Das erste mit Sicherheit aus der kaiserlichen Emailleurwerkstatt, die sich am Zeuxippos-Palast installiert hatte, stammende Wert ist die *Votivkrone* (Venedig, S.Marco), die Kaiser Leon VI. zwischen den Aposteln zeigt. Dieses Stück steht am Anfang einer großen Tradition, technisch wie dem Sinngehalt nach gleicherweise hochbedeutend. Obwohl der Kaiser nur die schlichte, gleichsam inoffizielle Bezeichnung »Despotes« führt, zeigt ihn diese Weihgabe, die einst in einer Konstan-

»Maria, Michael und Nikolaus«, um 1030, Email (vom Romanos-Kelch). Venedig, S. Marco, Tesoro

tinopler Kirche aufgehängt war, als den »Apostelgleichen«, also in der seit Konstantin dem Großen in der byzantinischen Kaiserideologie eingebürgerten Gleichstellung des Kaisers mit den zwölf Jüngern Jesu, die nicht nur seine himmlische Berufung herausstellt, sondern auch seine überragende Stellung in der Kirche manifestiert*. Technisch sind die Medaillons der Krone in ihrer klaren, schlichten Linienführung, die durch die dünnen Goldstege gegeben ist, das erste uns bekannte Werk dieser Kunst, das die Zeichnung meisterhaft beherrscht – die wenigen älteren Werke der nachikonoklastischen Zeit sind unklarer, unsicherer und häßlicher in der Stegsetzung. Die Binnenzeichnung vor allem in den Gewandfalten ist sparsam, Nasenkontur und Brauenbogen werden mit einem einzigen Draht eingezeichnet. Dürfte diese Krone aus der Zeit stammen, da Leon VI. 886 Autokrator geworden war, so zeigt der rund eine Generation später entstandene *Kelch*, den Romanos I. stiftete*, den beachtlichen Fortschritt der Technik: Die

◀ »Christus und Maria«, um 1100, Elfenbein (Kasten). Florenz, Museo Nazionale (del Bargello)

Typen sind viel feiner, differenzierter und eleganter, die Nasen natürlicher geformt, die Brauen emailliert, die Binnenzeichnung reicher, die Gesichter schmaler, die Hände beweglicher und feingliedriger. Den Höhepunkt der Emailkunst der makedonischen Epoche bildet die Limburger Staurothek (Kasten für eine Reliquie des Heiligen Kreuzes), die für den hohen Beamten Basileios*, einen unehelichen Sohn Kaiser Basileios' I., 964–65 gearbeitet wurde und nach dessen Sturz 985 in den kaiserlichen Schatz gelangte. Die noch streng frontale Darstellung auf dem Romanos-Kelch hat sich in der großen Deesis (der Deesis mit den Erzengeln und den zwölf Aposteln) in eine fein differenzierte Auflockerung der Haltungen mit klassischer Ponderierung und Achsenverschiebungen gelöst, Stegsetzung und Farbkomposition sind vollendet.

Diese Emailkunst wurde – und das gilt für die zahlreichen weiteren Werke kirchlicher Zweckbestimmung, die in dieser Periode geschaffen wurden – vom Kaiserhof bestellt und verschenkt. Das geht nicht nur aus den Inschriften dieser drei Spitzenwerke hervor, sondern auch aus dem Zeremonienbuch Konstantins VII. Porphyrogennetos, in dem der Kaiser die Emailarbeiten erwähnt, die zum Schmuck des kaiserlichen Palastes, als Geschenke des Kaisers oder zur Verzierung kaiserlicher Pferdegeschirre dienten, also auch sehr profanen Zwecken höfischen Prunkes*. Sie verband sich aufs engste mit der Goldschmiedekunst auf einer Ikone des *Erzengels Michael* aus vergoldetem Silber, die später in Venedig vergrößert und mit Emailmedaillons besetzt wurde: Kopf und Unterarme des Erzengels sind getrieben, seine Flügel, die Ärmel des Sakkos, der Schmuck des Loros, die Rahmung des Nimbus, der Aufsatz des Szepters, die Inschriftmedaillons und der Rahmen der ursprünglichen Ikone (des heutigen Mittelteiles der Ikone) sind hervorragend und sehr feinteilig emailliert (die bei der späteren Vergrößerung verwendeten Medaillons sind ebenfalls byzantinisch, stammen aber aus verschiedenen Zeiten; beide Bildnismedaillons auf der Ikone selbst sind ebenfalls spätere Zutat). Das Antlitz des Erzengels verrät ganz eindeutig seine Herkunft aus dem späten 10. Jahrhundert, die klare, symmetrische Form und die völlige Ausdrucksleere reihen es in die makedonische Periode ein. Noch enger ist die Verbindung mit der Toreutik auf einer zweiten, etwa ein halbes Jahrhundert jüngeren *Michael-Ikone*, die den Erzengel als Feldherrn zeigt, umgeben von Kriegerheiligen in Medaillons auf dem Rahmen*. Hier überwiegt das Email, das in reichen Ornamentformen den gesamten Grund bedeckt und Panzer und Panzerhemd des Erzengels, dessen Gestalt in Flachrelief getrieben ist, überzieht. Dazu kommt noch eine sehr seltene, überaus schwierige Emailtechnik, die beim Kopf angewendet ist: Das höher getriebene Antlitz ist mit Reliefemail (ohne Stege) überzogen*. Das mehr prunkvolle als künstlerisch vollendete Werk steht zwischen den Arbeiten der makedonischen Renaissance und denen aus dem späteren 11. Jahrhundert, aus dem als erstes erhaltenes Zeugnis ein profanes Werk, die *Monomachos-Krone*, die Nachricht Konstantins' VII. bestätigt, daß die in der damaligen Welt einzigartigen Werke der byzantinischen Emailkunst als kaiserliche Geschenke an »Barbarenfürsten« versandt wurden*. Sieben Platten verschiedener Größe sind erhalten. Die größte Platte zeigt Konstantin IX. Monomachos; auf den nächstkleineren sieht man die Kaiserinnen Zoë und Theodora, zwei Tänzerinnen und schließlich die beiden Tugendallegorien Demut und Wahrheit. Stil und Technik sind die konsequente Fortbildung dessen, was wir bei der Limburger Staurothek fanden, nur die Eleganz der Haltung ging verloren. Die Farbpalette ist reicher geworden, die Ranken, die die Figuren rahmen, sind in Grubenschmelz gemacht. Diese Krone, die zwischen 1042 und 1050 entstand und König Andreas I. von Ungarn oder (der Form wegen wahrscheinlicher) seiner Gemahlin, Tochter des Großfürsten Jaroslav des Weisen von Kiev, geschenkt wurde, ist ein historisches Denkmal ersten Ranges: Andreas versuchte, sich aus der Lehnshoheit des deutschen Kaisers zu befreien. Konstantin durfte hoffen, den Ungarnkönig zum Bundesgenossen zu gewinnen, wie das Stephan der Heilige gewesen war († 1038); um dies zu unterstreichen und zugleich Andreas in die »Familie der Könige« einzureihen, schickte der Kaiser ihm diese Krone*. Durch die Annahme erkannte der König nach byzantinischer Auffassung die Oberhoheit des Kaisers an, denn der war ein Diener des Kaisers, der sein Bild trug. Eine Generation später schenkte noch einmal ein byzantinischer Kaiser, Michael VII. Dukas, eine Krone an einen ungarischen König, Geza I.

(1074–77). Sie bildet heute den Reif der Heiligen Krone Ungarns, der *Stephanskrone**. Auch sie war ursprünglich eine Frauenkrone. Auf der Stirnseite hat sie sieben abwechselnd rundbogige und dreieckige Aufsätze deren mittlerer den thronenden Christus zeigt. Auf der Nackenseite ist ein Aufsatz mit dem Brustbild Michaels VII. angebracht. Den Reif schmücken acht rechtekkige Platten: vorn die Büsten Michaels und Gabriels, im Nacken die Brustbilder Konstantins, des Sohnes und Mitkaisers Michaels, und Gezas, der als »Kral« bezeichnet ist und die Insignien eines byzantinischen Patrikios trägt, und seitlich die heiligen Ärzte Kosmas und Damianos sowie die heiligen Krieger Georgios und Demetrios*. Klarer noch als die Monomachos-Krone bringt die Stephanskrone das byzantinische hierarchische Denken zum Ausdruck: Pantokrator und Autokrator stehen über allen anderen,

»Hl. Demetrios«, spätes 11. Jhdt, Email (Täfelchen). Berlin (W), Staatliche Museen, Preußischer Kulturbesitz, Frühchristlich-byzantinische Sammlung

»Paulus«,
spätes 11. Jhdt,
Email.
New York,
Metropolitan
Museum of Art

Mitkaiser und Ungarnkönig sind dem Autokrator untergeordnet, wobei Konstantin dem Kral noch voransteht; denn er hat den Ehrenplatz inne, und ihm kommen kaiserlicher Ornat und kaiserliche Farbe zu. Künstlerisch und technisch überragt diese Krone die ältere entschieden, im Stil schließt sie sich ihr an.

Aus dieser Zeit besitzen wir zahlreiche Emails, die der gleichen Stilstufe zugehören. Eines der schönsten zeigt den betenden *Hl. Demetrios* im Gewande eines hohen byzantinischen Beamten und läßt die Eigenart der Zeit erkennen, in der die Binnenzeichnung sehr dicht wird und zum Teil aus zickzackförmig von Kontur zu Kontur sich knickenden Stegen besteht. Die vollendete Feinheit der Technik und die Übernahme des malerischen Stiles des späten 11. Jahrhunderts, vor allem in der Lockerung der Konturen von Haar und Bart, verbunden mit zarter Schmalgesichtigkeit, repräsentieren die *Medaillons*, die einst eine Ikone in Djumati (Georgien) schmückten.

Aus dem Beginn des 12. Jahrhunderts stammt eine große Zahl von Emailplatten der *Pala d'Oro* (Venedig, S.Marco)*, die von der 1105 vom Dogen Ordelaffo Falier gestifteten Pala (Altarverkleidung) erhalten sind. Aus diesem Urbestand, der in Konstantinopel bestellt worden war, wählen wir als Beispiel den *Apostel Andreas* aus. Man erkennt deutlich die engen Beziehungen zu den Medaillons aus Djumati; nur ist die Faltengebung noch dichter, kleinteiliger, nervöser (die eigentümlichen Spiralfalten, hier auf dem linken Knie sind auch ein Erbe der Entwicklung seit der Monomachos-Krone). Wieder fällt der Gleichklang mit der Malerei der Zeit auf, zum Beispiel mit Serres. Daneben kommt als Neuerung die Zerlegung des Faltensystems durch zwei wechselweise verwendete Farben auf: auf der Pala d'Oro bei *Petrus*; ähnlich, aber mit feinerer Gesichtsbildung, die lebhaft an das Oxforder Neue Testament erinnert, auf einer Emailplatte auf dem Rahmen einer Ikone (ebenfalls in S. Marco). Zu welcher

»Andreas«, Anfang 12. Jhdt, Email (Platte von der »Pala d'oro«). Venedig, S. Marco

scharfen, dem malerischen Stil der Zeit ganz entsprechenden Charakterisierung auch die Emailkunst fähig war, zeigt eine kleine Staurothek, die gegen Mitte des 12. Jahrhunderts entstand und in ein moselländisches *Triptychon* des 12. Jahrhunderts (New York, Pierpont Morgan Library) eingesetzt ist*.

Die letzte Phase des mittelbyzantinischen Emails repräsentieren dann die sechs Szenen aus dem orthodoxen Festzyklus, die den Aufsatz der *Pala d'Oro* (Venedig, S.Marco) aus der Beute von 1204 zieren. Sie gehören zum spätkomnenischen Manierismus, wie ihn etwa Kurbinovo in stärkerem Maße zeigt. Sie sind übrigens technisch schwächer, auch im Glasfluß ungewöhnlich brüchig, in den Stegen ziemlich breit und in der Zeichnung flüchtig, Zeugen einer sich dem Ende zuneigenden Entwicklung, die seit der Mitte des 11. Jahrhunderts in kleinen Schritten und, bedingt durch die Emailtechnik, nur zum Teil den Weg der malerischen Künste mitging. Fast alles, was wir an Emails kennen, kam aus der kaiserlichen Werkstatt, diente der kaiserlichen Selbstdarstellung oder der kaiserlichen Freigebigkeit. Daher erklärt sich – neben der Technik, die einen ähnlich starken Ausdruckswandel wie in der Malerei nicht zuließ – der ziemlich starke Konservativismus dieser Luxuskunst, die aufs engste mit dem traditionsverhafteten Hofleben verbunden war.

Neben dem Email kennt Byzanz das Niello als Mittel künstlerischer Gestaltung von Metallarbeiten. Vieles davon ist ästhetisch oder auch stilgeschichtlich ohne Belang. Ein fragmentarisch erhaltenes Kreuz aber verdient aus zwei Gründen Interesse, seiner lebendigen Zeichnung wegen, die von einer sicheren, ans Karikaturistische streifenden Strichführung ist, und um des Inhaltes willen, der einmal mehr vor Augen führt, in welchem Maße die Kunst zu Propagandazwecken benutzt werden konnte. Das Kreuz konnte als für den Patriarchen Michael I. Kerullarios (1043 bis 1058) gearbeitet identifiziert werden*. Er hatte den Thronverzicht Michaels VI. und die Anerkennung Isaaks I. 1057 maßgeblich beeinflußt, nachdem er 1054 den Bruch mit Rom ganz gegen die Absichten Konstantins IX. erzwungen hatte. Als Isaak I. zur Auffüllung des Staatsschatzes bei Zwangsenteignungen kirchlichen Besitz nicht schonte, setzte der Patriarch sich zur Wehr, indem er die Vorrangstellung der geistlichen gegenüber der weltlichen Macht behauptete und sich dabei auf die Donatio Constantini berief, die folgenreichste Fälschung der abendländischen Kirche*. Er drohte dem Kaiser mit Absetzung und legte selbst die roten Kaiserschuhe an. In dieser Phase seines Patriarchats ließ Michael Kerullarios auf den Querbalken seines Kreuzes zwei Wunder seines Namenspatrons, des Erzengels, darstellen: Bei dem einen kniet Josua, der Inhaber der weltlichen Macht, vor Michael, auf dem oberen Teil des Kreuzstammes sieht man Papst Silvester und den in Demutshaltung vor ihm stehenden Konstantin den Großen, der

»Papst Silvester segnet Kaiser Konstantin den Großen; Erzengel Michaels Wunder in Chonai; Josua kniet vor Michael«, um 1057, nielliertes Silber (Fragmente eines Kreuzes). Washington (D. C.), Dumbarton Oaks Collection

die Gesichtszüge Isaaks I. trägt. Damit stellt der Patriarch den Kaiser, den er segnet, als seine Kreatur dar – so hat er die eigene Rolle beim Thronwechsel wohl auch selbst überbewertet – und sich als Träger einer übergeordneten Macht.

Blicken wir zurück auf die mittelbyzantinische Epoche, in der die Kunst des Kaiserreiches einsam an der Spitze in der christlichen Welt stand, Süd- wie Ostslaven in ihren Bann ziehen konnte und die Kunst des katholischen Europas immer aufs neue befruchtete*, so tritt uns neben der an ausgewählten Beispielen aufgezeigten Stilentwicklung, die sehr viel einheitlicher war als in frühbyzantinischer Zeit, dreierlei als besonders bezeichnend entgegen: die sich in der Ikonographie auswirkende, der freischaffenden Phantasie wenig Raum lassende, sie zumindest an festgelegte Grundschemata fesselnde Bindung an eine Ikonologie der kirchlichen Kunst, die dem religiösen Bild einen Rang zuweist, den es im Katholizismus nie einnahm, womit sich in schöner Unbefangenheit für profane Zwecke ein Nachleben des antiken Mythos verband; die durchdachte und als Erbe kaiserlich-römischer Tradition zu wertende Art, in der Kunstwerke als Träger staatlicher oder auch kirchlicher Ideen benutzt und damit zum Mittel der Indoktrination gemacht werden; und schließlich noch etwas, worauf nachträglich aufmerksam gemacht werden muß, nämlich die Tatsache, daß im religiösen Bereich stets und im kaiserlichen meist das Bild eine Inschrift trägt, die den Namen des dargestellten heiligen Menschen oder des Kaisers bringt (bei Christus und Maria stets in den sich gleichbleibenden Abkürzungen $\overline{\mathrm{IC}}$ $\overline{\mathrm{XC}}$ und $\overline{\mathrm{MP}}$ $\overline{\Theta\mathrm{Y}}$) oder das dargestellte Ereignis kurz benennt (womit ausführlichere Beischriften nicht ausgeschlossen sind) – das ist eine Folge des von den Bildertheologen hergestellten engen und unlösbaren Zusammenhanges von Wort und Bild, der ein Bild ganz ohne Wort nicht mehr angemessen erscheinen läßt. Hinzu kommt, daß dem Lesekundigen (das waren hier in mittelbyzantinischer Zeit unendlich viel mehr Menschen als im Abendland) das Herausfinden des Heiligen, dem er seine Verehrung erweisen wollte, beträchtlich erleichterte – bei der Unzahl der Heiligen, von denen viele einander recht ähnlich dargestellt wurden, sicher keine zu verachtende Hilfe.

DIE ZERSCHLAGUNG DES REICHES UND DIE SPÄTBYZANTINISCHE KUNST

Das Reich zerfällt

Im Jahre 1204 wurde das Byzantinische Reich zerschlagen. Kreuzfahrer – ausgezogen, das Heilige Grab von der Herrschaft der Moslems zu befreien – wurden von Venedig, von dem sie finanziell abhängig waren, nach Konstantinopel gelenkt, um dort in die innerdynastischen Rivalitäten der Angeloi einzugreifen. Als die von ihnen eingesetzten Kaiser die ungeheuren Summen, die die Kreuzfahrer für ihre Hilfe versprochen bekommen hatten, nicht aufbringen konnten und ein Aufstand in der Kaiserstadt sie wegfegte, stürmten die Kreuzfahrer Konstantinopel am 13. April 1204, plünderten es drei Tage lang und errichteten dann ihre Herrschaft nach einem vorher beschlossenen Teilungsplan, der Venedig den Löwenanteil zusprach.

Diese Tat war nicht nur ein Verbrechen, begangen gegen das Verbot Papst Innozenz' III., nicht nur eine Schändung der Kreuzzugsidee, sondern auch eine katastrophale Dummheit. Anstelle des Kampfes gegen die Seldjuken, der vielleicht noch die Reste der Kreuzfahrerstaaten in Palästina hätte retten können, zogen die besitzgierigen Edelleute die Zerstörung des christlichen Bollwerks gegen den Islam vor, das mehr als ein halbes Jahrtausend hindurch die europäische Ostflanke geschützt hatte. An die Stelle der absoluten Monarchie von Byzanz, die unter fähigen Kaisern immer wieder alle Kräfte des Reiches hatte zusammenfassen können, setzten sie, nachdem Venedig alle wichtigen Häfen, Handelsplätze und Inseln besetzt hatte, ein lockeres Feudalsystem westlichen Zuschnittes, in dem kein Teilgebilde, am wenigsten das »Lateinische Kaiserreich«, stark genug war, die Feudalherren zum einheitlichen politischen Handeln zu zwingen, geschweige denn, die bisherige Rolle von Byzanz zu übernehmen. Zudem gelang ihnen weder, die byzantinische Herrschaft restlos zu beseitigen, noch, mit den Südslaven ein gutes Verhältnis herzustellen – im Gegenteil: Der Bulgarenkönig Kalojan griff das neue Kaisertum an; die Schlacht bei Adrianopel kostete den ersten lateinischen Kaiser Balduin die Freiheit und viele seiner Ritter das Leben. Ein Jahr und einen Tag nach dem Einzug der Sieger in die Kaiserstadt empfing die Fremdherrschaft ihren ersten schweren Schlag, von dem sie sich nie wieder richtig erholen sollte. Die gerade in Gang gekommene Eroberung von Kleinasien mußte abgebrochen werden, so daß in Nikaia Theodoros I. Laskaris, ein Schwiegersohn Alexios' III. Angelos, ein byzantinisches Machtzentrum errichten konnte (ab 1208 Kaiserreich), von dem aus die Rückeroberung des Reiches geplant, zum großen Teil durchgeführt und 1261 mit der Rückeroberung Konstantinopels gekrönt werden konnte. Ebenso gelang die Eroberung des Epiros nicht, wo Michael Angelos, ein Vetter Alexios' III., eine Herrschaft errichten konnte (Despotat Epiros); sein Bruder Theodoros eroberte 1224 Thessalonike und vernichtete damit den ersten Kreuzfahrerstaat auf Reichsboden. Die übrigen Feudalstaaten hielten nur sehr losen Zusammenhang mit ihrem Kaiser in Konstantinopel. Nur zur Hälfte ihr Ziel erreichend, unzulänglich organisiert, von den Unterworfenen trotz der Mitarbeit mancher byzantinischer Grundherren gehaßt, die sich so ihre Grundherrschaft sichern wollten, von Nikaia, dem Epiros und Bulgarien ständig bedroht, war die Frankokratie, wie die Byzantiner die Fremdherrschaft nannten, nur geeignet, das alte, oft überforderte, unter den Angeloi morsch gewordene Machtzentrum durch eine verhängnisvolle Balkanisierung zu ersetzen und damit irreparabel zu zerstören. Ebenso schwer wogen die kirchlichen Folgen: Plünderung und Entweihung der Kirchen Konstantinopels, ungeheurer Kunst- und Reliquienraub, Einsetzung eines katholischen Patriarchen und katholischer Bischöfe, Verdrängung der orthodoxen Kirchenleitung, Übergabe bedeutender Klöster an katholische Orden, Zwangsunterwerfung der Orthodoxen unter die päpstliche Gewalt erzeugten unauslöschlichen Haß im Volke, das vor den Lateinern mehr »als vor Hunden« (Papst Innozenz III.) zurückschreckte. Daran scheiterten alle Unionsversuche – das Schisma war unüberwindlich.

Kunst im Exil

Mit dem Zerfall des Reiches ging die byzantinische Kunst nicht unter, aber ihr Fortleben spaltete sich in verschiedene Zentren auf. In den beiden Nachfolgestaaten Nikaia und Epiros, die beide die Wiederherstellung des Reiches anstrebten, hielt man im großen und ganzen an dem fest, was vor der Katastrophe von 1204 künstlerisch erreicht worden war. Der restaurative Charakter, besonders des Kaiserreiches Nikaia, wo man alles nach dem Vorbild Konstantinopels installierte, ließ wohl eine lebendige Weiterentwicklung nicht zu. In dem kleinen Kaiserreich Trapezunt, das sich kurz vor dem Fall Konstantinopels unter der Herrschaft zweier Komnenenprinzen und dem Schutz Georgiens gebildet hatte, ging der kulturelle Zusammenhang mit dem ihm feindlich gesonnenen Nikaia verloren, die Entwicklung suchte eigene Wege. Zypern war unter die Herrschaft der Kreuzfahrer-Könige aus dem französischen Hause Lusignan geraten, die Orthodoxie und ihre Kunst behielten dort – wie auch in den balkanischen »Frankenstaaten« – ihr Lebensrecht, verloren aber die Beziehung zu einem die Entwicklung bestimmenden Ausstrahlungszentrum, das es seit dem Fall der Kaiserstadt nicht mehr gab.

Nur in einem selbständigen orthodoxen, aber nicht byzantinischen Staat fand die byzantinische Kunst nicht nur ein Asyl, sondern einen Lebensraum, in dem sie sich, kräftig von den Herrschern gefördert, weiterentwickeln konnte. Das war das nemanjidische Serbien. Die große, der Selbstdarstellung der Nemanjiden dienende Wandmalerei beginnt mit der 1209 von Stefan Nemanjas Söhnen Vukan, Stefan und Sava gestifteten Ausmalung der Klosterkirche in Studenica, die anläßlich der Beisetzung der sterblichen Überreste des Groß-Župans veranlaßt wurde, die Sava aus dem Athos-Kloster Hilandar heimgebracht hatte*. Ausführender Meister war ein Grieche, der sich unter der großen Stifterinschrift klein verewigt hat*. Er belegte den Bildgrund in der Apsis und in der Kuppel mit Blattgold, auf den er Mosaiksteine nachahmende Vierecke malen ließ – diese eigentümliche Art, das kostbare

Mosaik nachzuahmen, war einige Jahre zuvor schon in Hilandar angewandt worden. Daß sie hier übernommen wurde, dürfte nicht nur darauf zurückzuführen sein, daß Sava sie aus Hilandar kannte, sondern auch auf den Wunsch, in dem neuen Zentrum unabhängiger orthodoxer Macht es dem untergegangenen mit seinen prunkvollen Mosaiken so weit wie möglich gleichzutun. Stilistisch gehören diese Malereien zu der beruhigten Spätphase der mittelbyzantinischen Malerei, wie sie zum Beispiel die Oxforder *Propheten-Handschrift* verkörpert, wofür besonders die ganzfigurigen Heiligenbilder ein Beweis sind.

Bald danach beginnt die Malerei, sich auch aus dieser Bindung zu lösen. In der *Christi-Himmelfahrt-Kirche* des Klosters Mileševa, einer Stiftung des Prinzen Stefan Vladislav (König 1234 bis 1243), wird nicht nur der Pseudomosaik-Hintergrund mit der Vergoldung auf alle Malereien des Naos ausgedehnt, sondern vor allem auch entscheidend Neues geschaffen. Das Bild des Stifters ist zum ersten Mal seit Jahrhunderten wieder ein echtes Porträt, das den Menschen in seiner unverwechselbaren Einmaligkeit zeigt, ganz ungeschmeichelt, völlig veristisch, absolut fern dem

»Hl. Barlaam«, 1209, Wandgemälde. Studenica, Nemanja-Kirche

»Maria führt Stefan Vladislav zu Christus«, um 1234, Wandgemälde. Mileševo, Christi-Himmelfahrt-Kirche

typisierten Herrscherbild des 12. Jahrhunderts*. Zu diesem Porträtrealismus gesellt sich eine sehr kräftige Körperlichkeit aller Gestalten, die mit malerischen Mitteln meisterhaft ausgedrückt wird und sich stark von dem abhebt, was wir an schmaler Schlankheit im späten 12. Jahrhundert fanden – schon in Studenica hatte sich die Formenberuhigung mit einer gewissen Steigerung des Körpervolumens verbunden. Wichtiger fast noch ist, daß hier der Bildraum wiederentdeckt wird, noch ohne große Tiefe, mehr wie eine Bühne, auf der sich das Geschehen abspielt, aber mit deutlicher, zum Teil auch perspektivisch betonter, zum Teil mehrschichtiger Raumtiefe. Nimmt man hinzu, daß in Studenica wie in Mileševa das strenge byzantinische Bildprogramm nicht mehr befolgt wurde und auch die Ikonographie sich zu lockern begann, so kann man ermessen, in welchem Grade hier Maler byzantinischer Herkunft die künstlerische Entwicklung vorantrieben. Natürlich blieben noch beträchtliche Reste des komnenischen Erbes wirksam, aber entscheidend waren sie in Mileševa nicht mehr.

Dieser Weg wurde nicht konsequent verfolgt. Die geringen, aber gut erhaltenen Teile der Ausmalung der *Koimesis-Kirche* des Klosters Morača, einer Stiftung des Fürsten Stefan, des Sohnes Vukans, aus dem Jahre 1252 bringen ein retardierendes Moment in diese Entwicklung. Zwar sind die Figuren von praller Plastizität, hervorragend mit geschickt gesetzten Lichtern und Schatten herausgearbeitet, aber sie sind Abkömmlinge der Malerei von

»Maria«, um 1250, Fresko (aus der »Himmelfahrt«). Peć, Sv. Apostoli

Studenica und damit der spätkomnenischen Neoklassik, auch darin, daß sie den Bildraum völlig negieren und sich im Rahmen der im ausgehenden 12. Jahrhundert entwickelten Gesichtstypik halten. Dagegen entfernte sich die Malerei in der *Apostelkirche* in Peć, wohin Savas Nachfolger Erzbischof Arsenije seinen Sitz verlegt hatte, weil Žiča zu nahe an der Grenze des Staates lag, noch weiter von dem spätkomnenischen Erbe. Um 1250 entstanden, gestaltet sie Figuren von einer solchen kraftvollen Unmittelbarkeit wie zum Beispiel die *Maria* des Himmelfahrtsbildes in der Kuppel, die nicht mehr das ovale Antlitz von müder Schönheit wiederholt, das in mittelbyzantinischer Zeit üblich war, sondern aussieht wie eine junge, lebensstrotzende, schöne und selbstbewußte Frau, die mit leichtem Lächeln aus dem Bilde herausschaut. Wie in einer Miniatur ist das Gesicht mit feinsten Farbübergängen rein malerisch mit formbetonender Licht- und Schattenwirkung gegeben. Der *Engel* neben ihr mit dem weich gerundeten Gesicht und der üppigen Lockenfülle gehört bereits zu den Engelsbildern der spätbyzantinischen Zeit, ein schöner Jüngling hellenistischer Herkunft.

Den Höhepunkt erreicht diese lebendige Fortentwicklung in der *Dreifaltigkeitskirche* des Klosters Sopoćani, einer Stiftung des Königs Stefan Uroš I. aus den Jahren 1263–68. Der Bildraum wird vollkommen gemeistert und nach vorn so geöffnet, daß die Betrachter gleichsam in das Geschehen mit einbezogen werden; die Figuren sind plastisch gerundet wiedergegeben, die Kompositionen klar und symmetrisch aufgebaut; die Hintergrundsarchitektur ist nicht mehr Folie, sondern integrierter Bestandteil der Bilder. Die Farben sind hell und fast pastellig. Der Hauptmeister, der für die Malereien im Naos verantwortlich war, schuf Gestalten von großer Kraft und beredtem Ausdruck, zum Teil geradezu impressionistisch gemalt, völlig gelöst von allen Relikten des spätkomnenischen Stiles, den auch die Mitarbeiter des Meisters von Peć und seine eigenen noch nicht völlig überwunden hatten. Er war der modernste Maler seiner Zeit, der bereits vollkommen den neuen Stil verkörperte, den wir in Byzanz den palaiologischen nennen. Man nimmt an, König Stefan Uroš I. habe ihn und seine Gehilfen nach Serbien neu berufen*. Zweifel daran sind wohl be-

»Apostel«, 1263/68, Fresko (aus der »Koimesis«).
Sopoćani, Dreifaltigkeitskirche

rechtigt. Woher hätte er sie berufen sollen? Konstantinopel war erst 1261 wieder in byzantinischen Besitz gekommen, eine verarmte und heruntergewirtschaftete Stadt; dort konnte in so kurzer Zeit sich noch keine solche Malerei entwickeln. Nikaia und der Epiros konnten ihr Herkunftsland auch nicht sein, denn dort gab es nichts Vergleichbares, und was wir aus Thessalonike kennen, sieht auch ganz anders aus und ist überdies erheblich jünger. In Serbien aber hatten die byzantinischen Maler zwei Menschenalter hindurch bei der Ausführung königlicher oder fürstlicher Aufträge ihre Kunst in dem hohen Maße weiterentwickeln und in künstlerisches Neuland vorstoßen können. Allein hier hatte sich das Neue herausgebildet, das in Sopoćani vollendet vor uns steht. Da liegt es doch wohl näher, die Fresken von Sopoćani als die

»Hiob auf dem Misthaufen«, 13. Jhdt, Miniatur (aus einem »Hiob«-Kodex«). Oxford, Bodleian Library, Ms. Barocci 201

letzte und konsequenteste Stufe dieser Entwicklung anzusehen, die sich auf serbischem Boden abgespielt hat.

Was sich aus anderen Bereichen an gleichzeitiger Malerei erhalten hat, bleibt dem Spätkomnenischen verhaftet. Ob wir eine *Christus-Ikone* des Sinai-Klosters oder eine *Marien-Ikone* (Freising) aus Thessalonike, eine wohl noch in Nikaia entstandene *Handschrift* der Gruppe, aus der ein *Neues Testament* von Michael VIII. Palaiologos an Ludwig IX. von Frankreich geschenkt wurde*, oder einen illustrierten *Oktateuch* im Athos-Kloster Vatopedi nehmen, nirgends emanzipierte sich die Malerei von der komnenischen Tradition, die vielmehr bewußt festgehalten und fortgesetzt wurde. Handschriften wie der *Hiob* (Oxford) dagegen sind mit ihrer harten Zeichnung und flüchtigen Ausführung eher Degenerationsprodukte als der Versuch, neue Wege zu gehen.

Die Kunst der Palaiologenzeit

Eine neue, die letzte Kaiserdynastie von Byzanz, gelangte auf den Thron, als Michael VIII. Palaiologos 1259, zunächst als Mitkaiser des minderjährigen Thronerben Johannes IV. Laskaris, durch einen Adelsputsch zur Macht kam*. Hatte schon die konsequente Politik der Laskariden große Teile des einstigen Reichsgebietes unter ihre Hoheit zu bringen gewußt*, so nutzte Michael nicht nur die außenpolitische Entspannung an einem Teil der Reichsgrenzen*, sondern besiegte auch eine Koalition zwischen Manfred von Sizilien, Michael II. von Epiros, Guillaume Villehardouin von Achaia und Stefan Uroš I. von Serbien 1259, was ihm den Despotat Morea auf der Peloponnes einbrachte, gewann 1261 Konstantinopel zurück, erweiterte 1262 das Reich auf Kosten der Bulgaren, zwang 1264 Epiros zur Anerkennung seiner Oberhoheit, trickste eine antibyzantinische Koalition zwischen Karl von Anjou, dem neuen König von Sizilien, Konstantin Tich von Bulgarien und Stefan Uroš I. 1268 aus durch Verhandlungen mit Ludwig IX. von Frankreich, dann mit Papst Gregor X., verbündete sich mit Ungarn gegen die Serben, 1272 mit den Tataren gegen die Bulgaren, ging 1273–74 eine kirchliche Union mit dem Papst ein (Konzil von Lyon), womit er den drohenden Überfall Karls von Anjou und seiner Bundesgenossen abwehrte, und unterlief, als Rom unter Papst Martin IV. die Union mutwillig zerschlug, die tödliche Bedrohung durch Karl von Anjou, Stefan II. Milutin von Serbien und Georg I. Terter von Bulgarien durch die Anzettelung der Sizilianischen Vesper am 31. März 1282. Als er im selben Jahre starb, hatte er zwar Skopje an Serbien verloren, aber das Reich wieder durch Kriegsglück und diplomatisches Geschick zur Großmacht erhoben, die das Geschehen im ganzen Mittelmeerraum mitbeeinflußte.

Aber der Preis für die Großmachtstellung war zu hoch. Das Reich der Komnenen war nicht wiederhergestellt*. Was in Nikaia als Kraftquell für die Restauration des Reiches aufgebaut worden war, wurde finanziell und militärisch aufgezehrt. Kleinasien war wegen der einseitigen Fixierung auf das europäische Reichsgebiet übel vernachlässigt worden. Die fehlende Seeherrschaft, die Handelsprivilegien für Genua und Venedig*, die Kriegführung vornehmlich mit Söldnern, die das Staatseinkommen auszehrte, ließen eine wirtschaftliche Konsolidierung nicht zu, die allein die Grundlage einer Großmachtpolitik hätte bilden können. So sank der Großmachttraum mit Michael VIII. ins Grab. Andronikos II. (1282 bis 1328) mußte das Heer drastisch vermindern, verzichtete auf die Flotte, mußte eine stete Geldentwertung hinnehmen und unternahm vergebliche Versuche der wirtschaftlichen Stabilisierung. Byzanz sank zum Kleinstaat herab. Zwei Bürgerkriege im 14. Jahrhundert beschleunigten den Verfall, aus dem zunächst Serbien größte Vorteile zog. Die Hereinziehung der osmanischen Türken brachte die Zerstörer des Reiches nach Europa (1354 Einnahme von Gallipoli), die schon im frühen 14. Jahrhundert fast ganz Kleinasien erobert hatten. Um 1350 war Byzanz reduziert auf das Gebiet von Konstantinopel bis zu einer Linie östlich von Christopolis (Kavalla) und Melnik, die Inseln Lesbos, Lemnos, Imbros, Samothrake und Thasos, die nördlichen Sporaden und den Despotat Morea. Um 1400 bestand es nur noch aus Konstantinopel mit dem unmittelbaren Vorfeld, den Inseln (ohne Lesbos) und Morea. Um diese Zeit war der Kaiser schon ein Vasall des osmanischen Sultans geworden. Nach kurzer Schonzeit infolge der Niederlage der Osmanen gegen Timur Lenk begann 1421 mit dem Regierungsantritt Murads II. die Schlußphase, die am 29. Mai 1453 zur Eroberung Konstantinopels durch Sultan Mehmed II. führte. 1456 fiel Athen in osmanische Hand, 1460 Morea, 1463 das bosnische Königreich; 1529 standen die Heerscharen des Sultans zum ersten Mal vor Wien. Byzanz war ausgelöscht, der Balkan und fast ganz Ungarn unter osmanischer Herrschaft. Nur die Kirche lebte fort und rettete die Kunst, die Sprachen und damit das Volkstum in Südosteuropa vor dem Untergang.

Es gehört zu den schwer begreiflichen Besonderheiten der byzantinischen Geschichte, daß in dieser Zeit der Überforderung und des Absinkens der politischen und wirtschaftlichen Kräfte, der Schwindsucht des Reiches, der Bürgerkriege, des Druckes der südslavischen Staaten und schließlich der immer schlimmer wer-

»Gleichnis von den klugen und den törichten Jungfrauen«, Mitte 13. Jhdt (aus einem Evangeliar). Paris, Bibliothèque Nationale, Ms. gr. 54 ▸

denden osmanischen Gefahr ein kultureller und künstlerischer Aufschwung begann und anhielt, wie er in solcher Intensität kaum je vorher in Byzanz zu verzeichnen war. Dabei waren die Anfänge nach der Wiedereroberung Konstantinopels, verglichen mit dem, was in Serbien geschah, gar nicht so zukunftweisend. Was die Byzantiner in der alten Kaiserstadt als Erbe der Lateiner vorfanden, war nicht so richtungweisend neu wie das, was sich in Serbien entwickelt hatte. Bezeichnend dafür sind die beiden *Madonnenbilder aus Calahorra* (Washington, National Gallery), blendend gemalte Tafeln, die dem Stil eines Coppo di Marcovaldo näherstehen als den Werken des 13. Jahrhunderts, die wir zum Beispiel im Sinai-Kloster finden*, oder das *Zweisprachige Evangeliar* (Paris, ms. gr. 54), das wohl um die Mitte des 13. Jahrhunderts entstand und in der Verhaftung in der Kunst der vorlateinischen Zeit mit der Miniaturmalerei in Nikaia verwandt ist. Was man von dort nach Konstantinopel mitbrachte, konnte sich ebenfalls mit dem nicht messen, was in Serbien geschaffen worden war. Dem schloß sich zunächst das an, was in der Kaiserstadt entstand. Als Beispiele seien dafür das *Deesis-Mosaik* in der Hagia Sophia und ein *Miniaturmosaik* (Berlin) genannt. Die Deesis, das späteste erhaltene Werk in der »Großen Kirche«, ist seltsam zwiespältig: Christus und Maria haben die schmalen, edlen, sehr plastisch wirkenden und etwas ausdruckslosen Gesichter, die sich noch in den Mosaiken des frühen 14. Jahrhunderts wiederfinden, das Antlitz Johannes' des Täufers trägt noch die das Knochengerüst des Schädels ignorierende Binnenzeichnung und scharfe Charakterisierung, wie sie die spätkomnenische Zeit bevorzugt hatte. Stärker noch ist, was die Gesichtszüge anlangt, die Berliner Mosaikikone dem mittelbyzantinischen Menschenbild verbunden, nur die

»Kreuzigung Christi«, 3. Viertel 13. Jhdt, Mosaik, Glas in Wachs auf Holz. Berlin (O), Staatliche Museen, Frühchristlich-byzantinische Sammlung

Schwingung des toten Körpers Christi mit der Angabe der Muskulatur, die sich anatomischer Genauigkeit stärker annähert, die Haltung des Johannes, das modellierende Spiel des Lichtes auf seinem Gesicht und seinen Gewändern und die freiere Haltung, in der er dasteht, zeigen die neue Stilperiode unverkennbar an.

Während in Arta, der Hauptstadt des Epiros, um 1295 in der *Paregoritissa-Kirche* Mosaiken gesetzt wurden, die ganz altertümlich wirken, entstehen in der *Peribleptos-Kirche (Sv. Kliment)* in Ohrid, das damals zum gleichen Despotat gehörte, Malereien von erstaunlicher Kraft und strahlender Farbigkeit. Zwei griechische Maler, Michael und Eutychios*, schufen sie ab 1295. Ihre Gestalten sind von strotzender Körperlichkeit, manche im Körperbau wie Schwerathleten; die kräftig durchgezeichneten Gesichter sind breit, ausdrucksstark, fern dem klassischen Schönheitsideal, manchmal fast feindselig finster blickend. Aus den edlen und schönen Gestalten von Sopoćani sind emotional aufgeladene, wuchtige Menschen geworden, die eine großartige Lebendigkeit ausstrahlen. Die Grenzen der byzantinischen Malerei sind hier erreicht, wenn nicht gesprengt, ein neuer Weg scheint sich aufzutun. Aber er wird nicht weitergegangen. Michael und Eutychios wurden Hofmaler des Serbenkönigs Milutin und schmückten für ihn zahlreiche Klosterkirchen aus*. Und dabei gaben sie die Malweise weitgehend auf, die in Ohrid so ursprünglich und wie eine Eruption künstlerischer Kraft wirkt. Ihr Stil wurde gefälliger, näherte sich dem an, was damals im Einflußbereich Thessalonikes üblich war. Die 1316–17 entstandenen Fresken von *Sv. Djordje* in Staro Nagoričino sind ein Beweis, wie sehr die Maler, die rund 20 Jahre zuvor die Malerei revolutionieren zu wollen schienen, ausdrucksärmer, glatter, konventioneller geworden waren. Sie näherten sich ganz stark dem, was etwa gleichzeitig der thessalische Maler Kalliergis in Verria und, zusammen mit anderen, in Thessalonike *(Hagios Nikolaos Orphanos)* schuf, oder auch dem Stil der Mosaiken der *Apostelkirche* ebendort.

In Konstantinopel stiftete der Mesazon (Kabinettschef) Kaiser Andronikos' II., Theodoros Metochites, einer der gelehrtesten Männer seiner Zeit, um 1315–20 die Ausschmückung der auf seine Kosten umgebauten und erweiterten Kirche des Chora-Klosters.

»Apostelkommunion«, 1295, Wandgemälde. Ohrid, Peribleptos-Kirche (Sv. Kliment)

Erhalten blieben die Mosaik-Zyklen des *Lebens Mariä* und der *Öffentlichen Wirksamkeit Jesu* in den Vorhallen (Narthices) sowie deren Kuppeln und die beiden Mosaikikonen beiderseits der früheren Ikonostas sowie der *Marientod* (Koimesis) im Naos, dazu die Ausmalung der Nebenkirche (Parekklesion). Es ist bezeichnend, daß dieser umfangreichste und schönste Zyklus von Mosaiken und Malereien aus spätbyzantinischer Zeit die Stiftung eines Angehörigen des hohen Beamtenadels ist; auch die Mosaiken in der *Kilise Camii* und der *Pammakaristos-Kirche (Fetiye Camii)* in Konstantinopel wurden von Angehörigen derselben Gesellschaftsschicht gestiftet, ebenso die etwa gleichzeitigen Wandmalereien in *Hagios Nikolaos Orphanos* in Thessalonike und in der *Auferstehungskirche* in Verria, während die ebenfalls dieser Epoche entstammenden Mosaiken und Fresken der *Apostelkirche* in Thessalonike Stiftungen des Patriarchen Nikon von Konstantinopel sind. Das ist kein Zufall. Der Kaiserhof als Kunst- und Stiftungszentrum fiel wegen Verarmung der Zentrale so gut wie ganz aus. An seine Stelle traten die Kreise, die als Grund- und Manufaktur-

»Christus und die Samariterin«, um 1300, Fresko. Athos, Karyais, Protaton herren, als Angehörige des reichen Adels oder als Kaufleute über den erforderlichen Reichtum verfügten. Damit entfiel das bestimmende Zentrum, das den künstlerischen Äußerungen in mittelbyzantinischer Zeit entscheidende Impulse gegeben hatte. Thessalonike, die zweite Stadt des Reiches wurde ein künstlerisches Zentrum, das Konstantinopel an Wirkungsbreite weit überragte. Wir können in anderen Bereichen der bildenden Kunst noch besser feststellen, was für Folgen das hatte: Verlust an Einheitlichkeit, stärkere, geschmacksbedingte Vielfalt, gewiß kein Verlust an künstlerischer Schaffenskraft, aber etwas Ungewöhnliches in der byzantinischen Entwicklung, gemessen an der Komnenenzeit. Es ist bezeichnend, daß gleichzeitig die Namen von Künstlern in Signaturen oder in der Überlieferung auftreten. Michael und Eutychios sind schon genannt worden, in Verria und Thessalonike wirkte Kalliergis, auf dem Athos Manuel Panselinos, in Ohrid Johannes Theorianos, in Novgorod der Grieche Isaias usw. Jetzt trat der Maler nicht mehr unbedingt hinter seinem Werk in die Anonymität zurück, sondern wurde selbstbewußter und zum gepriesenen Künstler: Kalliergis wird in der Inschrift der Kirche in Verria »der beste Maler ganz Thessaliens« genannt. Fast gleichzeitig mit Ita-

»Kindermord zu Bethlehem«, um 1320, Mosaik. Istanbul, Chora-Kirche (Kahriye Camii)

lien entdeckte Byzanz das schöpferische Individuum in der bildenden Kunst.

Während Manuel Panselinos, der wohl aus Thessalonike kam, im Protaton in Karyais (Athos) um 1300 in einem Stil malt, der dem der Anfänge von Michael und Eutychios sehr nahesteht, nur nicht so kraftstrotzend ist, begegnen wir in den Mosaiken und Fresken der Chora-Kirche in Konstantinopel einer sehr anderen Ausdrucksweise, die sich auch vom späteren Stil der Milutin-Schule deutlich abhebt. Von ungewöhnlicher Feinheit der Ausführung haben sie einen idyllischen Ausdruck mit ihren bis zur Grazilität überschlanken Gestalten, ihren lebhaften Bewegungen, ihren elegant drapierten Gewändern, den schönen Gesichtern, dem klaren, wenn auch bühnenartig flachen Bildraum, dem bizarren Baumwuchs und der phantasievollen Hintergrundsarchitektur. Viele genrehafte Züge sind der Ikonographie beigefügt, gut beobachtete familiäre Szenen wie die mit der kleinen Maria spielenden Eltern oder die ersten Schritte der künftigen Gottesmutter, dane-

»Hochzeit zu Kana«, um 1315, Wandgemälde. Mistra, Brontochion-Kloster, Hodegetria-Kirche ben Szenen von harter Grausamkeit wie die breit ausgesponnene Schilderung des Kindermordes von Bethlehem. Über allem aber liegt ein Hauch von Poesie und eleganter Kultur. Technisch und farblich, kompositorisch und gestalterisch sind die Mosaiken von höchster künstlerischer Qualität. Nicht weniger die Fresken, Meisterwerke spätbyzantinischer Kunst mit der Großzügigkeit und Schönheit ihrer Zeichnung, der Kraft der Modellierung, der Ausgewogenheit der Komposition, dem Adel der Gestaltung und dem Reichtum der Palette.

Da Thessalonike 1430 in osmanische Hand fiel und künstlerische Initiativen aus Konstantinopel nach der Chora-Kirche (abgesehen von dortigen Grabdekorationen) nicht bekannt sind, können wir die Fortentwicklung der Wandmalerei nur in Mistra verfolgen, der Hauptstadt des byzantinischen Morea, seit 1348 Sitz eines Despoten aus kaiserlichem Hause*. Vor dieser Rangerhöhung

»Engel aus dem Großen Einzug«, 3. Viertel 14. Jhdt, Wandgemälde. Mistra, Peribleptos-Kirche

der jungen Stadt* ließ Bischof Nikephoros Moschopulos die dem heiligen Demetrios geweihte *Metropolis* seit 1292 ausmalen, eine anfangs noch stark in der Vergangenheit verhaftete, etwas provinziell anmutende Malerei, die sich in der Folge den neuen Stilmöglichkeiten öffnete – leider ist das meiste recht schlecht erhalten. Für die *Hodegetria-Kirche (Aphendiko)* des Brontochion-Klosters hat man um 1315 ganz offenbar Maler aus Konstantinopel geholt, die sich durch vornehme Eleganz und meisterhafte Beherrschung des Körperhaften und Räumlichen auszeichnen, durch edle Haltungen der Figuren und eine dichte Komposition der in einen ununterbrochenen Bildraum von begrenzter Tiefe gesetzten Szenen. Den Höhepunkt bilden dann die Fresken der *Peribleptos-Kirche*, die nach der Mitte des 14. Jahrhunderts geschaffen wurden. Auch sie stehen in der Tradition der konstantinopolitanischen Kunst, aber ihr Ausdruck hat sich geändert. An die Stelle dessen, was die Mosaiken und Fresken der Chora-Kirche auszeichnet, treten hier ein poetischer Irrealismus und eine mystische Verinnerlichung, die man auf die damals zur Herrschaft gelangende Frömmigkeit, mystische Praxis und Theologie des Hesychasmus zurückzuführen geneigt ist, einer Lehre, die die Möglichkeit der Schau des göttlichen Lichtes, das als Wesen Gottes betrachtet wird, in der Art, wie es bei Christi Verklärung auf dem Berge Tabor erstrahlte, dem nach den mystischen Regeln Betenden verkündet. Die malerische Form hingegen zeigt, was das Menschenbild anlangt, kaum eine Fortentwicklung gegenüber der Aphendiko, abgesehen von schärferer Schattierung und der Auflösung der Lichtflecken in radiale Linien, die hier stärker als zuvor und betonter auftritt. Den Ausklang dieser malerischen Entwicklung sehen wir in den um 1420 geschaffenen Fresken der *Pantanassa*, gekonnten, aber aus der Tradition des Ortes lebenden Malereien, die keine Weiterentwicklung mehr ahnen lassen.

Daß es eine Weiterentwicklung dennoch gegeben hat, lassen die wenigen Reste des Werkes eines Malers erkennen, der ganz entscheidend die Novgoroder Malerei des späten 14. Jahrhunderts geprägt hat und dann in Moskau mit Andrej Rublev zusammenar-

»Auferweckung des Lazarus«, um 1420, Wandgemälde. Mistra, Pantanassa-Kirche

τὸν Δαυὶδ καθήμενον ἐπὶ θρόνου καὶ ἀκροώ
μενον τῶν λόγων τοῦ ἀπέναντι αὐτοῦ ἱσταμ

beitete: die Fresken und Ikonen Theophanes' des Griechen (Feofan Grek), der nach weitgespanntem Wanderleben aus Byzanz nach Novgorod gelangte. Seine ungemein expressionistische, mit ganz sparsamer Palette und raffinierter Verwendung der Lichtstrahlen arbeitende Manier mutet so modern an, daß wir ihn für ein einsames Genie halten müßten, gäbe es nicht auf georgischem Boden verwandte Werke byzantinischer Künstler. Diese byzantinischen Maler haben die Kunst ihrer Aufnahmeländer entscheidend beeinflußt, in ihrer Heimat dagegen blieb von ihren Werken nichts erhalten.

In der Buchmalerei knüpft die palaiologische Zeit zunächst ganz bewußt an die große Kunst der makedonischen Renaissance an, was sich zweifellos aus der Idee der Wiederherstellung des Reiches ergab. *Psalter*, wie zum Beispiel einer im Sinai-Kloster oder einer in der Bibliothek des Jerusalemer Orthodoxen Patriarchates, nehmen eine Handschrift von der Art des Pariser *Psalters* (ms. gr. 139) zum Vorbild und setzen dessen Kompositionen in eine betonte, etwas manierierte Körperlichkeit um. Stärker noch an die antikisierende Art der mittelbyzantinischen Epoche schließen sich Handschriften wie die des *Neuen Testamentes* im Jerusalemer Patriar-

◀ »Davids Reue«, 3. Drittel 13. Jhdt, Miniatur (aus einem Psalter). Jerusalem, Orthodoxes Patriarchat, Kod. Hag. Taphou 51

»Judas«, Ende 13. Jhdt, Miniatur (aus einem Neuen Testament). Jerusalem, Orthodoxes Patriarchat, Kod. Hag. Taphou 37

chat (Hag. Taph. 37) an, dessen ruhig stehende, ausgezeichnet kontrapostierte, kräftige Gestalten trotz der kalten Farbigkeit ungemein naturnah wirken. Diese Richtung einer renaissancehaften Buchmalerei wirkt weit in das 14. Jahrhundert hinein nach, wie zum Beispiel einige Evangeliare in Oxford erkennen lassen, deren Evangelisten zwar etwas zarter, aber von der gleichen lebendigen Art sind. Der bei ihnen sich ankündigende Manierismus wird hervorragend repräsentiert durch das nur 12,5 cm hohe *Menologion* des Demetrios Palaiologos Angelos Dukas, einen reinen Bildkalender ohne Texte zu den Tagesbildern*. Die mit großer Präzision gemalten Bildchen sind offenbar von Ikonen abhängig und sollten wohl auch bei der täglichen Andacht des Besitzers den gleichen Zweck erfüllen. Ein letzter Nachklang dieser Richtung findet sich in dem Verklärungsbild des um 1375 vollendeten Kodex der theologischen Schriften des abgedankten Johannes VI.

Neben dieser Gruppe von Miniaturen, die den palaiologischen Stil der Hauptstadt beziehungsweise Thessalonikes in enger Verbindung mit der Monumentalmalerei und der Ikonenkunst in ihr kleines Format und ihre besondere Technik übertrugen, ohne dabei die innere Monumentalität preiszugeben, steht eine Vielzahl

»Verklärung Christi«, Mitte 14. Jhdt, Miniatur (aus einem Menologion). Oxford, Bodleian Library, Ms. gr. th. f. 1

»Kaiser Manuel II.«, 1407, Miniatur (aus der Handschrift mit der Leichenrede für den Despoten Theodoros). Paris, Bibliothèque Nationale, Suppl. gr. 309

anderer, die das Auseinanderfallen der Stileinheit dokumentieren. Arbeiten aus der Sphäre des Hofes, wie das *Besitzerbild* in einem Pariser Kodex von Werken des Hippokrates, das den Megas Dux Alexios Apokaukos († 1345) zeigt, sind gegenüber den kleinen Meisterwerken, die wir uns eben vergegenwärtigt haben, merkwürdig steif und flach, ohne Verständnis für Bild- und Figurenraum, pedantisch genau gemalt, aber ohne Leben und Ausdruck, in unserem Beispiel die erstarrte Repräsentation des mächtigen Gegners Johannes' VI. Dessen ein Menschenalter später entstandenes Bildnis als Vorsitzer der Konstantinopler Synode von 1351 unterscheidet sich von dem seines einstigen Gegenspielers nur durch die größere Feinheit bei der Gestaltung der Gesichter. Wieder rund eine Generation später schufen zwei grundverschiedene Miniatoren zwei Bildnisse *Manuels II.;* das eine, seiner Totenrede auf seinen Bruder Theodoros beigegeben, steht in der starr-unpersönlichen Tradition des Apokaukos-Bildes, das andere, in einem Kodex der *Werke des Dionysios Areopagites* (Paris, Louvre), einem Geschenk des Kaisers an St-Denis, ist von erstaunlicher Porträthaftigkeit im Bildnis des Kaisers, während seine Gemahlin und seine Söhne kaum individuelle Züge erkennen lassen. Das ist freilich nicht das erste echte Porträt, das wir aus Byzanz kennen, wo man anscheinend viel später als in Serbien und Bulgarien dazu kam, den Menschen in seiner Wirklichkeit im Bilde festzuhalten. Ist das *Autorenbild* des Georgios Pachymeres († um 1310) in einer Münchner Handschrift seiner Werke noch ein, von einem zweitrangigen Künstler gewagter erster Versuch, das Antlitz des Kirchenfürsten und Gelehrten festzuhalten, so zeigt das Bildnis des abgedankten *Johannes VI.* als Mönch Joasaph in dem Pariser Kodex seiner Werke wohl echte Porträtzüge eines weisen Greises von hoher Geistigkeit. Diese Erfassung des Menschen in seiner unverwechselbaren realen Erscheinung erlebt dann ihren Höhepunkt in einer Federzeichnung (Paris, Bibliothèque Nationale ms. gr. 1783), die *Manuel II.* zwischen seinem Neffen *Johannes VII.* und seinem Sohn *Johannes VIII.* zeigt. Gerade die skizzenhafte Flüchtigkeit der Zeichnung, die wohl kurz vor seinem Tode 1425 entstand, läßt die meisterhafte Wiedergabe des Greisenantlitzes Manuels besonders deutlich hervortreten; auch der Sohn, der des Vaters Raubvogelnase geerbt hat und dessen Augen stechend eng stehen, ist in der wenig schmeichelhaften Darstellung offensichtlich nach dem Leben gezeichnet. Solche mit der Feder gezeichneten Porträts sind aus dem 15. Jahrhundert in mehreren Beispielen erhalten, an Lebensnähe freilich erreicht keines dieses Dreikaiserbild.

»Hekuba mit vier Frauen«, frühes 15. Jhdt, Federzeichnung (aus einem Kodex mit Dramen von Sophokles und Euripides). Paris, Bibliothèque Nationale, Ms. gr. 2795

Stärker der Volkskunst nähern sich Miniaturen wie die eines *Hiob-Kodex* (Paris, ms. gr. 134), die in großer, aber wirkungsvoller Vereinfachung die Geschichte des großen Dulders unter völligem Verzicht auf Bild- und Figurenraum und unter grober Vernachlässigung von Proportionen und Anatomie erzählen. Noch volkstümlicher sind etwa die Miniaturen in einer Pariser Handschrift der *Hippiatrika* (Pferdeheilkunde; ms. gr. 2244). Andere Miniatoren haben sich mehr oder weniger westlichen Einflüssen geöffnet, so zum Beispiel der, der den beliebten Erbauungsroman von *Barlaam und Joasaph* (Paris, ms. gr. 1128) illustrierte, oder Manuel Tzynkandyles, der 1362 einen *Hiob-Kodex* (Paris, ms. gr. 135) mit aquarellierten Federzeichnungen versah; dieser peloponnesische Maler, der unter »fränkischer« Herrschaft lebte und arbeitete, hatte sehr viel der französischen Gotik zu verdanken – ein deutliches Zeichen für die Ausstrahlung von »la France d'outremer« auf die Unterworfenen.

Im 15. Jahrhundert wird die Zeichnung häufiger der Miniatur vorgezogen oder statt ihrer aus Sparsamkeitsgründen gewählt. Ein ganz exzeptionelles Beispiel dafür sind Randzeichnungen in einer Handschrift der *Dramen von Sophokles und Euripides* (Paris, ms.

◀ »Kaiser Johannes VII., Manuel II. und Johannes VIII.«, um 1420, Federzeichnung (aus einer Sammelhandschrift), Paris, Bibliothèque Nationale, Ms. gr. 1783

»Johannes«,
um 1300,
Tempera,
(aus der
»Kreuzigung Christi«
einer
doppelseitigen
Ikone).
Ohrid,
Peribleptos-Kirche
(Sv. Kliment)

gr. 2795), die einzigen uns erhaltenen Bilder zu griechischen Tragödientexten. Aber auch in Evangeliaren kommt es gelegentlich zur Verwendung der reinen Federzeichnung, die vielleicht nie für einen Farbauftrag vorgesehen war, so zum Beispiel 1427 im Cod. 330 des Patmos-Klosters, während andere, leicht laviert neben Vollminiaturen treten können, so auf einem Einzelblatt (Baltimore, Walters Art Gallery, ms. 530 g), das aus einer Handschrift des Athos-Klosters Lavra stammt (Cod. A 76). Daneben kommt es noch einmal zu einem Wiederaufleben des palaiologischen Stiles der Hauptstadt, freilich bei aller Sorgfalt nur ein schwächerer Nachglanz; ein besonders schönes Beispiel dafür ist das *Evangeliar des Vissarion* vom Jahre 1429 (Leningrad).

In der Ikonenmalerei sind zwei Richtungen nebeneinander wirksam. Die eine repräsentiert den Stil der Hauptstadt, was auf diesem Gebiet wohl das Kunstwollen des Patriarchats bedeutet. Eine aus Konstantinopel nach Ohrid um 1300 geschenkte doppelseitige Ikone (und ihr Gegenstück ebendort) kann mit der betonten Kör-

»Erzengel Michael«, frühes 14. Jhdt, Ikone. Athen, Byzantinisches Museum

perhaftigkeit ihrer Gestalten, dem gekonnten Spiel von Licht und Schatten, der klaren, manchmal etwas kristallinischen Schönheit der Formen und der edlen Gesichtsbildung als klassisches Frühwerk dieser Richtung gelten. Daraus entwickelte sich einerseits die kraftvolle, antikisierende Monumentalität solcher Meisterwerke wie des *Erzengels Michael* (Athen, Byzantinisches Museum) und andrerseits die zartere, bewegtere und durch genrehafte Züge angereicherte, dabei im Duktus der Falten und im Spiel von Licht und Schatten zugleich verhärtete und manierierte Art, wie sie eine *Kreuzigungs-Ikone* im Johannes-Kloster auf Patmos zeigt. Die andere Stilrichtung, für die das *Anastasisbild* von der ehemaligen Ikonostas der *Peribleptos-Kirche* in Ohrid (Sv. Kliment) stehen möge, ist bei grundsätzlich gleicher Körperauffassung bewegter, dynamischer, zugleich auch manierierter, liebt kleinfigurige Szenen voller drängender Aktivität, die in eine bizarre Landschaft gesetzt werden, die sich im Laufe der Zeit immer weiter von natürlichen Formen in Richtung auf zugleich bedrohliche und groteske

Formen, besonders bei den Bergen, entfernt. Neben den in Temperatechnik gemalten Ikonen erfreuten sich die Miniaturmosaiken einer großen Beliebtheit, wobei die Smalten immer feiner und farblich differenzierter wurden. Ein hervorragendes Beispiel dieser raffinierten Malerei mit winzigen Glasplättchen ist das Diptychon mit den *Bildern der zwölf großen Kirchenfeste* (Florenz, Opera del Duomo). Diese Mosaik-Ikonen folgen im Stil den beiden Richtungen der Tafelmalerei. Sie scheinen mit dem Fall Konstantinopels aufzuhören, während die Ikonenmalerei das Ende des Reiches ungebrochen überlebt, und wohl der Kunstzweig ist, der das Erbe der palaiologischen Malerei am unversehrtesten in die nachbyzantinische Zeit hinübertrug, in der die großen monastischen Zentren, in erster Linie die Athos-Klöster, zu Trägern der malerischen Fortentwicklung wurden – im 16. Jahrhundert unter der Einwirkung der aus Kreta kommenden überragenden Meister dann auch zu Trägern einer neuen großen Wandmalerei, die bis heute gültige Maßstäbe der malerischen Ausschmückung der Kirchen gesetzt hat.

Die Plastik erlebte in spätbyzantinischer Zeit noch einmal einen Aufschwung. Leider hat die Erforschung dieser Überreste gerade erst eingesetzt*; sie wird erschwert durch die nur recht geringe Zahl erhaltener und zugänglicher Fragmente, deren Sammlung

Zograf Mihailo, »Anastasis« (Höllenfahrt Christi), frühes 14. Jhdt, Ikone Ohrid, Peribleptos-Kirche (Sv. Kliment)

»Kreuzigung Christi«, 2. Viertel 14. Jhdt, Mosaik. Florenz, Duomo, Museo dell'Opera

und Auswertung lange Zeit durch die irrige Auffassung von der Ablehnung der Plastik durch die Orthodoxie vernachlässigt wurde. Infolgedessen ist das Bild der plastischen Entwicklung noch recht unklar und umstritten. Was zum Beispiel in Arta entstand, die hängenden Reliefs in den Tragebögen der Paregoritissa oder das Relief am *Sarkophag der heiligen Theodora*, wirkt ausgesprochen volkskunsthaft. Diese Architekturplastik und das Sarkophagrelief wurden gern auf italienische Einflüsse zurückgeführt, aber das ist unmöglich; denn gegen Ende des 13. Jahrhunderts gab es in Italien längst nicht mehr und nirgends Vergleichbares; eine ähnliche Primitivität der Menschendarstellung hatte es dort etwa ein Jahrhundert früher gegeben. Eher könnte man an eine Anregung, nicht einen direkten Einfluß, aus der serbischen Architekturplastik denken, die uns an den Kirchen der Nemanjiden-Zeit, zum Beispiel in Studenica, begegnet. Die Art plastischen Dekors ist meines Wissens auf den Epiros beschränkt.

In Konstantinopel dagegen finden wir um 1300 zahlreiche Fragmente einer ganz anderen Art von Plastik in teilweise recht hohem Relief. Das schönste Beispiel ist ein Ciboriumsbogen mit den *Büsten der Apostel*, der in der *Fenari Isa Camii*, der einstigen Kirche des Konstantin-Lips-Klosters, gefunden wurde. Die Köpfe, fast vollplastisch, zeigen den erneuten und letzten Rückgriff auf die antike Form, eine echte plastische Renaissance, die sich ganz in das neue Aufblühen der bildenden Künste um 1300 einfügt und in klaren, schönen Formen Gesichter von lebendigem Ausdruck schafft. Ein vielleicht etwas jüngeres Beispiel dieser hervorragenden Plastik ist ein Kapitell (Istanbul, Archäologisches Museum), dessen Seiten mit vier Büsten heiliger Krieger geschmückt sind. Ein vergleichbares Kapitell in etwas abweichendem Stil und noch feinerer Qualität fand man in Athen (Paris, Musée de Cluny).

Neben dieser antikisierenden Plastik, die wir auch in späteren Reliefikonen noch wiederfinden, erscheint eine völlig andere, der renaissancehaften um 1300 innerlich und formal absolut fernstehende Reliefauffassung. In zweischichtigem Relief gearbeitet, fast ohne eigentliche Plastizität, sind den Figuren Einzelheiten gleichsam nur aufgeklebt: Faltenzüge wirken wie aufgelegte Stege, Nasen wachsen nicht aus einem bewegten Gesicht heraus, sondern

»Apostel« (vom Ciborium aus der Fenari Isa Camii), um 1300, Marmor. Istanbul, Archäologisches Museum

»Betende Maria«, frühes 14. Jhdt, Marmor. Athen, Byzantinisches Museum

sind auf eine flache Scheibe aufgesetzt usw. Bezeichnend für diese Art von Relief sind Marmorikonen wie die einer *Betenden Maria* (Athen, Byzantinisches Museum) oder die des *Seligen David* in Hagios Georgios in Thessalonike. Diese Reliefbehandlung kann sich noch weiter in volkskunsthafter Richtung entwickeln, indem sie entweder, wie bei einer Reliefikone des Erzengels Michael aus Nikaia, die Gewandfalten teils kerbschnittartig in die Oberfläche eingräbt oder die gefältelten Stoffteile wie die Schichten einer Glimmerplatte übereinanderschiebt, oder indem sie alle Details in rein graphischer Weise in die Oberfläche der Gestalten eintieft, wie zum Beispiel bei der *Christus-Ikone* (Mistra, Museum). Nicht selten ist in dieser Richtung der Reliefgrund rauh gelassen, so daß man vermutet, farbige Pasten hätten das Flachrelief noch stärker einer gemalten Ikone angenähert.

Wie die Stein-, so erlebt auch die Elfenbeinskulptur noch eine etwas sporadische Wiedergeburt. Wohl noch dem 13. Jahrhundert gehört eine Tafel (Berlin) an, die in etwas steifer, hölzerner Weise die *Kreuzigung* in einer ungewöhnlichen Ikonographie darstellt. Ein Kästchen (Stuttgart) spiegelt die konstantinopolitanische Strömung der Großplastik um 1300 wider. Eine sehr kleine Pyxis (Washington) mit der Darstellung zweier kaiserlicher Familien gehört ins fortgeschrittene 14. Jahrhundert. Alle drei – und noch ein paar weitere – Arbeiten sind Einzelstücke, zu einer Werkstattbildung kam es nicht mehr.

Als am 29. Mai 1453 Konstantin XI. Palaiologos im Straßenkampf gegen die in Konstantinopel eingedrungenen Osmanen fiel, sank mit ihm das Byzantinische Reich in den Staub. An die Stelle des christlichen Kaisers trat der moslemische Sultan, an die Stelle der byzantinischen Grundherren und Despoten die osmanischen Paschas. War damit das Reich unwiederbringlich dahin, so lebte seine Kunst fort. Der Patriarch wurde vom Sultan als der für alle Christen des Reiches verantwortliche Ethnarch ernannt. Er und mit ihm die Kirche traten nun allein als Auftraggeber und Förderer der Kunst auf, der so ein, wenn auch bescheidener gewordener, Lebensraum verblieb. Ihr Charakter wandelte sich von einer Reichs- in eine Kirchenkunst, aber ihr Formwille und ihre Ausdruckssprache blieben noch jahrhundertelang lebendig.

»Himmelfahrt Christi«, um 1300, Elfenbein (Kästchendeckel). Stuttgart, Württembergisches Landesmuseum

ANMERKUNGEN

Seite 7
... war: H. G. Beck nannte Konstantinopel »für lange Zeit die größte Stadt der Christenheit« (aus »Konstantinopel. Zur Sozialgeschichte einer frühmittelalterlichen Hauptstadt« in »Byzantinische Zeitschrift« LVIII 1963, S. 11 ff.).

... pflegen: Byzantion war der Name der Stadt, die schon rund ein Jahrtausend existierte, als Konstantin sie seit 325 zu seiner neuen Hauptstadt aus- und umbauen ließ; sie erhielt bei der Einweihung 330 den Namen Konstantinoupolis. Das Reich nannte sich selbst »Reich der Römer« (Rhomäer). Die Bezeichnung »Byzantinisches Reich« scheint eine Erfindung der Humanisten zu sein: Zum Beispiel wollte Hieronymus Wolf (1515–80) ein »integrum byzantinae historiae corpus« schaffen, wozu er Werke der byzantinischen Historiker Johannes Zonaras (12. Jahrhundert), Niketas Choniates († 1213) und Niketas Gregoras († 1359/60) benutzte. Im Laufe der Zeit wurde die Bezeichnung tendenziös abschätzig verwendet, um ein heruntergekommenes, minderwertiges Staatsgebilde zu kennzeichnen, dem man die Bedeutung, mit der es sich selbst benannt hatte, nicht zugestehen wollte – zumal ja ein »Heiliges Römisches Reich« existierte. Bezeichnend ist auch des abgeleiteten Begriffes »Byzantinismus« Verwendung im Sinne von niedriger, selbstsüchtiger, kriecherischer und hinterhältiger Schmeichelei: eine späte Ausgeburt der seit dem großen Schisma von 1054 und den Kreuzzügen propagierten Abneigung gegen die »perfiden Griechlein«, die so selbstbewußt waren, auf ihren Rang als unmittelbare Nachfolger der Cäsaren zu pochen, in kirchlichen Dingen andrer Meinung zu sein als der Papst, eine alte Kultur zu haben und dies die westlichen »Barbaren« auch spüren zu lassen.

Seite 8
Nach dem »Buch Daniel« (Kapitel 7, Vers 23 ff.) besteht es bis zum Jüngsten Gericht. Die Deutung des Vierten Weltreiches der Weissagung Daniels auf Rom vollzog beispielsweise schon der 235 gestorbene Hippolytos von Rom (»Commentarii in Danielem« IV 8). Die Kirche folgte dieser Auslegung des römischen Griechen.

Seite 9
... wurde: H. G. Beck »Senat und Volk von Konstantinopel. Probleme der byzantinischen Verfassungsgeschichte«, München 1966.

... schützen: Zur byzantinischen Kaiserideologie: O. Treitinger »Die oströmische Kaiser- und Reichsidee nach ihrer Gestaltung im höfischen

Zeremoniell. Vom oströmischen Staats- und Reichsgedanken«, Darmstadt 1956^2.

Seite 12
»... Weihegeschenken«: »Vita Constantini« III 54.

»... Städte«: »Chronik« anno 334.

Seite 13
V. Schultze »Altchristliche Städte und Landschaften« I: »Konstantinopel«, Leipzig 1913, S. 19.

Seite 15
Zu dem Obelisken und den Sockelreliefs: G. Bruns »Der Obelisk und seine Basis auf dem Hippodrom zu Konstantinopel«, Istanbul 1935.

Seite 17
J. Venedikov »Relief mit Zirkusszenen aus Sofia« in »Mitteilungen des Bulgarischen Archäologischen Instituts« I 1922. Konstantin hatte zunächst erwogen, seine Residenz in dieser Stadt einzurichten.

Seite 18
A. Müfid »Ein Prinzensarkophag aus Istanbul«, Istanbul 1935. Die Rückseite zeigt dasselbe Thema wie die Front, aber schwächer ausgeführt. Der Sarkophag ist nicht fertig geworden, die rechte Schmalseite weist noch bossierte Köpfe aus.

Seite 20
Ein ähnliches Relief im alten Erzbischöflichen Palais in Nikosia (Zypern) gilt als Import aus Konstantinopel: A. H. S. Megaw »Byzantine Architecture and Decoration in Cyprus: Metropolitan or Provincial?« in »Dumbarton Oaks Papers« XXVIII 1974, S. 69.

Seite 23
Nachricht in den »Patria« (Wiegenliedern), die im 10. Jahrhundert unter Verwendung älterer Quellen eine Art Stadtführer von Konstantinopel darstellten.

Seite 28
Vgl. F. W. Deichmann »Ravenna, Hauptstadt des spätantiken Abendlandes« I + II, Wiesbaden 1969–76.

Seite 38
»The Sutton Hoo Ship Burial«, London 1956^5, T. 14. Zu den Silberarbeiten mit kaiserlichen Stempeln: E. Cruikshank Dodd »Byzantine Silver Stamps«, Washington 1961. Neben den Stempeln mit dem Bilde des jeweiligen Kaisers finden sich stets mehrere andere, darunter der des Comes sacrarum largitionum, des Leiters der staatlichen Finanzverwaltung.

Seite 40
K. Wessel »Il dittico a cinque parti di Murano e la sua cerchia« in »Corsi di cultura sull'arte ravennate e bizantina«, Ravenna 1958, H. 1, S. 111 ff.

Seite 43
Darüber berichtete ausführlich Belisars Vertrauter Prokopios von Cäsarea in seiner Schrift »De aedificiis«.

Seite 58
... Kleinasien: Mit »Thema« bezeichnete man einen Heeresteil, dem heute etwa ein Armeekorps entspricht. Eines Themas Befehlshaber (Stratege) übte zugleich die oberste Zivilgewalt in dem Bereich aus, den er mit seinen Truppen zu verteidigen hatte.

»... Ärä«: G. Ostrogorsky »Geschichte des byzantinischen Staates«, München 1963[3], S. 87.

Seite 59
Unter diesem Titel veröffentlichte L. Matzulewitsch die Silberschätze der Ermitage in Leningrad (Berlin + Leipzig 1929).

Seite 61
... datiert: A. H. S. Megaw »Byzantine Architecture and Decoration in Cyprus: Metropolitan or Provincial?« in »Dumbarton Oaks Papers« XXVIII 1974, S. 75.

... werden: Die Inschrift unter dem Mosaik lautet übersetzt: »Du siehst des allberühmten Hauses Stifter beiderseits vom Märtyrer Demetrios, der den Sturm der barbarischen Flotten [oder Heere] abwehrt und die Stadt erlöst«.

Seite 63
J. Beckwith »The Art of Constantinople«, London 1961, S. 30.

Seite 66
... drängten: Diese Mosaiken sind erst teilweise publiziert. Landschaftsbezogene Corpora veröffentlichten u. a. M. Chébab »Mosaïques du Liban«, Paris 1958; St. Pelikanides »Corpus der altchristlichen Fußbodenmosaiken Griechenlands« I: »Inselgriechenland« (neugriechisch), Thessalonike 1974.

... schmückte: Die »Chalke« war der Eingangsbau zum Kaiserpalast, der aus einer Ansammlung von Repräsentations-, Wohn- und Kirchenbauten bestand. Über dem Tor war ein Christusbild angebracht, das der Kaiser Leon III. entfernen und verbrennen ließ.

»... fortsetzend«: M. Chatzidakis »An Encaustic Icon of Christ at Sinai« in »The Art Bulletin« XLIX 1967, S. 200.

... Mumienporträts: Eine gute Übersicht, allerdings mit manchen Fehlinterpretationen belastet: H. Zaloscer »Porträts aus dem Wüstensand. Die Mumienbildnisse aus der Oase Fayum«, Wien + München 1961.

Seite 70
Die Bulgaren waren ein turktatarisches Volk, das durch die Chasaren aus seinem ursprünglichen Sitz nördlich vom Schwarzen Meer verdrängt wurde. Ein Teil wandte sich nach Norden und gründete das Reich der Wolgabulgaren; ein andrer Teil zog in das überwiegend slavisch besiedelte Gebiet an der Donaumündung und errichtete dort – über den Slaven und den geringen Resten der römisch-griechischen Stadtbevölkerung – einen Überschichtungsstaat, in dem das urbulgarische Element zwar die Herrenkaste stellte, sich aber sprachlich rasch slavisierte.

Seite 72
... erreicht: Zum Bilderstreit: G. Lange »Bild und Wort«, Würzburg 1969; K. Wessel »Bild« in »Reallexikon zur byzantinischen Kunst« I, Stuttgart 1963, Sp. 616 ff.

... hätten: Das beste und umfassendste Werk zu diesen Bildlegenden: E. von Dobschütz »Christusbilder. Untersuchungen zur christlichen Legende«, Leipzig 1899; er trug alle Legenden dieser Art mit allen Quellen zusammen, die er ausführlich zitierte.

... Bilder: Solche Bildwunder wurden in breiter Fülle während des Konzils in Nikaia 787 zitiert. Die Akten des Konzils sind vollständig publiziert: J. D. Mansi »Sacrorum conciliorum nova et amplissima collectio« XII + XIII, 1759 ff.; vgl. K. Wessel »Bild« in »Reallexikon zur byzantinischen Kunst« I, Stuttgart 1963, Sp. 629 ff.

... sein: Das geht aus Gregors II. Brief an Leon III. hervor, worin der Papst sich heftig gegen den Anspruch des Kaisers zur Wehr setzte (J. D. Mansi, op. cit. XII, S. 977 B).

Seite 73
... gewesen: Leon war Stratege des »Themas« der Anatolier, dessen Bereich sich von Kleinasiens Westküste (mit Pergamon und Ephesos) bis in die Nähe von Tyana und Seleukia an der Südküste erstreckte.

... Bischofspartei: Die wichtigsten Männer dieser Partei: Erzbischof Theodoros von Ephesos, die Bischöfe Johannes von Synnada und Thomas von Klaudioupolis.

... hatte: Über ihre theologische Position sind wir durch zwei Briefe des Patriarchen Germanos aus der Zeit vor 726 unterrichtet (J. D. Mansi, op. cit. XIII, S. 99B–105A; 105C–107A); sie geben freilich die Anschauungen, die Germanos verurteilte, nur unscharf wieder.

... Bilderverbotes: Vgl. Theophanes Homologetes »Chronographia« (ed. C. de Boor, S. 406, 25–29): »Seit dieser Zeit ... suchte er [Leon] in unverschämter Weise Streit mit Germanos, dem seligen Patriarchen von Konstantinopel. Er erhob den Vorwurf, daß vor ihm alle Kaiser, alle Bischöfe und alle christlichen Völker ... Götzendienst durch die Verehrung der heiligen und verehrungswürdigen Bilder betrieben hätten«.

... anerkannte: Der Kaiser verfaßte zwei »Peuseis« (Fragen), von denen Fragmente erhalten blieben (vgl. G. Ostrogorsky »Studien zur Geschichte des byzantinischen Bilderstreits«, Breslau 1929, S. 8 ff.). Er warf den Bilderverehrern vor, sie wollten die unumschreibbare göttliche Natur darstellen, was unmöglich sei, oder die beiden Naturen in Christus trennen, um nur die menschliche Natur darzustellen. Darin lag unausgesprochen der Vorwurf, entweder monophysitisch oder nestorianisch zu denken; von ökumenischen Konzilen waren diese beiden theologischen Richtungen als ketzerisch verurteilt worden.

... verleitend: Große Teile des »Horos« (Lehrdefinition) des Konzils sind in den Akten von 787 erhalten (J. D. Mansi, op. cit. XIII), wo sie eingehend widerlegt wurden. Die Alternative »Monophysitismus/Nestorianismus« wurde ausdrücklich als Konsequenz der Bilderverehrung herausgestellt.

... Machtbereich: Die Bildertheologie dieses Mönchstheologen ist umfassend dargestellt: H. Menges »Die Bilderlehre des hl. Johannes von Damaskus«, Münster 1938; eine Übersicht bei K. Wessel »Bild« in »Reallexikon zur byzantinischen Kunst« I, Stuttgart 1963, Sp. 647 ff.

»... Dargestelllten«: C. J. Hefele »Conciliengeschichte« III, Freiburg, S. 472.

Seite 74
... Selbstverständnis: Vgl. W. Ohnsorge »Das Zweikaiserproblem im frühen Mittelalter«, Hildesheim 1947.

... miterlitten: Vgl. K. Wessel »Die Kultur von Byzanz«, Frankfurt a. M. 1970, S. 266 ff.

Seite 75
Die meisten bekannten Stücke stammen aus Funden in Südrußland.

Seite 76
... ist: H. Wentzel wollte dieses Fragment ins 10. Jahrhundert datieren und als Teil von Theophanos Brautschatz erklären (»Alte und altertümliche Kunstwerke der Kaiserin Theophano« in »Pantheon« XXX 1972, S. 4 / »Das byzantinische Erbe der ottonischen Kaiser. Hypothesen über den Brautschatz der Theophano« in »Aachener Kunstblätter« XLIII 1972, S. 21). Das Fragment ist 78 cm hoch.

... Jahrhundert: Vgl. die Übersicht bei K. Wessel »Castelseprio« in »Reallexikon zur byzantinischen Kunst« I, Stuttgart 1963, Sp. 940.

Seite 78
Antirhetikos III 5 (J. P. Migne »Patrologia graeca« C, S. 381).

Seite 81
J. D. Mansi, op. cit. XII, S. 1031.

Seite 82
... entstanden: Die Frühdatierung vertrat A. Frolow »La fin de la querelle inconoclaste et la date des plus anciens psautiers grecs à illustrations marginales« in »Revue de l'Histoire des Religions« 1963, S. 201 ff. Sein schwer zu widerlegendes Argument ist: Auf fol. 51v des Chludov-Psalters (Moskau, Historisches Museum) steht Patriarch Nikephoros auf dem zu Boden gestreckten Jannis [Johannes] Grammatikos, dem geistigen Führer der Ikonoklasten, in Laienkleidung; da er 837 Patriarch von Konstantinopel wurde, hätte er nach diesem Jahr im Bischofsornat dargestellt werden müssen wie sein ebenfalls ikonoklastischer Amtsvorgänger Theodotos Kassideras.

... wurden: Es handelt sich um den Chludov-Psalter (Moskau, Historisches Museum), den Psalter Cod. 61 (Athos, Pantokrator-Kloster) und das Fragment Ms. gr. 20 (Paris, Bibliothèque Nationale). Die beiden letztgenannten Stücke sind mit allen ihren Miniaturen publiziert: S. Dufrenne »L'illustration des psautiers grecs du moyen âge« I, Paris 1966, die des Cludov-Psalters von M. B. Šepkina »Miniaturi Chludovskoj psaltiri« Moskau 1977.

Seite 84
Vgl. K. Wessel »Die Kultur von Byzanz«, Frankfurt a. M. 1970, S. 316 ff.

Seite 87
... Text: W. Wolska »La Topographie chrétienne de Cosmas Indicopleustès. Théologie et science au VIe siècle«, Paris 1962, wies nach, daß Kosmas eine ausgesprochen nestorianische Theologie vertrat.

... Darstellungsweise: Dieser Begriff stammt von Franz Wickhoff.

... wurde: »Apostelgeschichte«, Kapitel 9.

... umgeformt: Zu dieser Problematik: K. Weitzmann »Illustration in Codex and Roll«, Princeton 1947.

... *Nazianz:* Berühmter Theologe des 4. Jahrhunderts.

Seite 88
... werden: Die Datierung ist einerseits später als der Tod des Kron-

prinzen Konstantinos (880), da er fehlt, und andererseits früher als Basileios' Tod (886) anzusetzen.

... ist: Die Darstellung beruht auf der Legende, daß dank Gregors Gebet der Heilige aus dem Bild herausgetreten sei und den abtrünnigen Kaiser erstochen habe.

... *Totengebeine:* »Buch Ezechiel« (Hesekiel), Kapitel 37, Vers 1 ff.

Seite 89
... besungen: Georgios verfaßte ein Gedicht über Herakleios' Ankunft in Konstantinopel, ein »Enkomion« (Lobrede) über seinen Perserfeldzug, über die Besiegung der Avaren 626 und ein Gedicht über die Wiederaufstellung des Heiligen Kreuzes.

... gearbeitet: Ihre wohl 726 erlassene Ekloge stellt eine Auswahl geltender Gesetze aus der früheren Gesetzgebung dar.

... weitergegeben: Wir kennen – wenigstens dem Namen nach – den Rechtsgelehrten Konstantinos Kasymatos aus der Zeit Leons V. und den Mathematiker Leon aus Theophilos' Zeit. Vor 780 lehrte Tarasios, der spätere Patriarch, in Konstantinopel. Patriarch Nikephoros hatte dort die sieben Freien Künste und Philosophie studiert, offenbar bei einem Privatgelehrten.

Seite 90
... diskutierte: Vgl. P. Speck »Die Kaiserliche Universität von Konstantinopel«, München 1974, S. 16 f.; Photios »Bibliotheke«.

... erklärt: »Mahnworte an die Jugend über den nützlichen Gebrauch der heidnischen Literatur«.

... aufbaute: Die Dialectica.

... absegnete: F. Dölger »Der Klassizismus der Byzantiner, seine Ursachen und Folgen« in »Geistige Arbeit« V 1938, S. 3 ff.

Seite 91
... ausgeschaltet: Klassisches Beispiel: der Fall des Johannes Italos, der – wegen seiner (ihm teilweise unterschobenen) Anwendung der griechischen Philosophie auf das Dogma – gegen Ende des 11. Jahrhunderts verurteilt wurde.

... andere: S. V. Kugeas »Arethas von Kaisareia und sein Werk« (neugriechisch), Athen 1913.

... Corpora: Vgl. K. Weitzmann »Geistige Grundlagen und Wesen der makedonischen Renaissance«, Köln + Opladen 1963, S. 22 ff.

... Wert: Vor allem wurden alle seine Satyrspiele unterdrückt.

Seite 93
... *Jesajas*: Die byzantinischen Psalterien enthalten außer den Psalmen auch verwandte alttestamentliche Texte, hier: »Jesajas«, Kapitel 26, Vers 9 ff.

... füllen: A. Grünwald »Byzantinische Studien. Zur Entstehungsgeschichte des Pariser Psalters Ms. grec. 139«, Brünn 1929, S. 9 f.; 19 ff.

... erläutert: K. Weitzmann »The Joshua Roll«, Princeton 1949.

Seite 94
... (Paris): Nikandros aus Kolophon, der wahrscheinlich im 2. Jahrhundert v. Chr. lebte, war ein bedeutender Vertreter der hellenistischen Lehrdichtung. Erhalten sind die »Theriaka« (Abhandlung über Bisse giftiger Tiere und die Gegenmittel) sowie die »Alexipharmaka« (Gegenmittel bei Nahrungsvergiftung), beide in Hexametern voll schwieriger Fachausdrücke. Die Pariser Handschrift enthält beide Werke.

... *Leon*: Von den ursprünglich zwei Bänden der Bibel ist nur der erste erhalten. Der Stifter, auf fol. 2^{v} dargestellt und beischriftlich als ein »Patrikios« bezeichnet, ist nicht identifiziert. Er muß ein hoher Beamter gewesen sein; denn der Titel Patrikios bezeichnete im 10. Jahrhundert in der streng geregelten Rangordnung die oberste Stufe der Eunuchen beziehungsweise die dritte Stufe des Beamtenadels, wobei ein Eunuchen-»Patrikios« zwei Stufen über den anderen »Patrikioi« rangierte. Dem Bilde nach könnte es sich bei Leon um einen Eunuchen gehandelt haben.

Seite 95
... stehen: Die Miniatur zieht zwei Ereignisse zusammen, die im 2. »Buch der Makkabäer« (Kapitel 6, Vers 18 ff.; Kapitel 7, Vers 1 ff.) stehen: Eleazar und seine Familie wurden von dem syrischen König Antiochos aufgefordert, ihren jüdischen Glauben durch Genuß von Schweinefleisch zu verleugnen (hier dargestellt), und – nach ihrer Weigerung – qualvoll getötet.

... *Menologion*: Ein »Menologion« ist die Zusammenstellung der Heiligenlegenden für die einzelnen Tage des Jahres. Das für den Kaiser Basileios II. hergestellte Menologion ist das umfangreichste, das als illuminierte Handschrift erhalten blieb; vor jeder Legende steht eine Miniatur. An der Malerei waren zahlreiche Miniatoren beteiligt, von denen einige auch ihre Bilder signierten, was in der byzantinischen Kunst jener Zeit nur sehr selten geschah.

Seite 97
Das 463 gegründete Kloster zählte zu den angesehensten der Hauptstadt.

Im frühen 9. Jahrhundert amtierte dort Theodoros Studites als Abt, der geistige Führer der Opposition gegen Patriarch Nikephoros I. und Kaiser Nikephoros I.; später war Theodoros der einflußreiche, aber politisch versagende Berater Kaiser Michaels I. und wurde nach Wiederbeginn des Ikonoklasmus 815 als Ikonodule verbannt († 826; nach 842 heiliggesprochen). Die Mönche des Klosters eiferten in jener Zeit für die kirchliche Unabhängigkeit; sie wandten sich gegen Patriarch Methodios, der bei der Wiedereinführung der Bilderverehrung die Kaiserin Theodora unterstützt hatte, und dann gegen Photios, der ihren Klosterbruder Ignatios als Patriarchen verdrängt hatte. Später fügte sich das Kloster mit weniger Eklat dem kirchlichen Leben ein, war hochgeachtet und nicht selten Zufluchtsort abgesetzter Kaiser (1059 für Isaak I. Komnenos; 1078 für Michael VII. Dukas).

Seite 99
Daß die Bildfolge aus einem Lektionar stammt und dem Evangeliar nur einigermaßen angepaßt wurde, bewies K. Weitzmann (»The Narrative and Liturgical Gospel Illustrations« in »New Testament Manuscript Studies«, herausgegeben von M. M. Parvid & A. P. Wikgren, Chikago 1950).

Seite 100
... Pseudo-Oppianus: Der Kilikier Oppian schrieb um 250 n. Chr. ein Lehrgedicht über den Fischfang. Unter seinem Namen wurde fälschlich auch ein Jagdgedicht (»Kynegetika«) überliefert, das aber von einem unbekannten Syrer verfaßt wurde.

... ist: Vgl. K. Weitzmann »Geistige Grundlagen und Wesen der makedonischen Renaissance«, Köln + Opladen 1963, S. 20; Abb. 14.

Seite 102
Der Kodex war für des Kaisers Vorgänger Michael VII. Dukas (1071–78) geschrieben worden, den Nikephoros Botaneiates verdrängt und ins Johannes-Studios-Kloster zu Konstantinopel verbannt hatte. Außer dem Thron und der Frau des Vorgängers übernahm er auch dessen Predigtband. Michaels Bildnisse ließ Nikephoros durch eigene ersetzen. Johannes Chrysostomos [Goldmund] (397 Patriarch von Konstantinopel, 404 abgesetzt, 407 in der Verbannung gestorben) war der größte Prediger der griechischen Kirche. Seit der Heimholung seiner Gebeine in die Hauptstadt 438 als Heiliger verehrt, zählt Chrysostomos zu den Vätern der griechischen Kirche.

Seite 105
Johannes Klimakos war Einsiedler, Abt des Sinai-Klosters um 600, schrieb die »Himmelsleiter« [Leiter = Klimax, daher sein Beiname], ein weit verbreitetes Handbuch des mönchischen Lebens. Er gab in 30 »Stufen« Anweisungen zum Kampf gegen die Laster und zum Erwerb der Tugenden.

Seite 106
... komnenisch: Die Komnenen waren eine Kaiserdynastie, die zuerst mit Isaak I. (1057–59), später mit Alexios I. (1081–1118) auf den Thron gelangte und dann bis 1185 regierte. Die Wurzeln dieses Stiles liegen, wie wir sahen, weit vor 1057. Also kann man ihn nicht mit dem Machtwechsel von der hauptstädtischen Amtsaristokratie zum kleinasiatischen Militäradel in Verbindung bringen.

... illustriert: Die Miniaturen sind vollständig publiziert: T. Velmans »Le Tétravangile de la Laurentienne« (Florenz »Laurentiana« VI 23), Paris 1971.

... *Oktateuch*: Oktateuch [acht Bücher] heißt eine Handschrift, welche die ersten acht Bücher des Alten Testamentes umfaßt: Der Saray-Oktateuch entstand in einem kaiserlichen Scriptorium; Isaak Porphyrogennetos (ein Sohn Alexios' I.) schrieb den einleitenden Aristeas-Brief, der die Legende von des Alten Testamentes Übersetzung aus dem Hebräischen ins Griechische enthält. Der Oktateuch von Smyrna (Izmir) wurde beim Brand der Stadt im griechisch-türkischen Krieg 1922 vernichtet.

Seite 108
Der sonst nicht näher bekannte Autor, Mönch des Klosters Kokkinobaphu in Bursa, erzählte in seinen »Homilien« ziemlich genau den Inhalt des altchristlichen, Ende des 2. Jahrhunderts entstandenen Romans nach, der als »Protevangelium Jacobi minoris« die Legenden »Joachim und Anna«, »Maria im Tempel« und andere enthält. Die beiden, in ihren Bildern weitgehend identischen Handschriften, die vielleicht aus demselben Scriptorium wie die Oktateuche stammen, befinden sich in Rom (Biblioteca Apostolica Vaticana, cod. gr. 1162) und in Paris (Bibliothèque Nationale, ms. gr. 1208).

... zeigt: Die Kaisertür ist die mittlere Tür, die von der inneren Vorhalle (Esonarthex) in den Kirchenraum (Naos) führt. Leon VI. war der zweite Sohn Basileios' I., dessen Mitkaiser er 870 wurde; er erbte mit seinem Bruder Alexander, Mitkaiser seit 879, den Thron, regierte aber praktisch allein, da sich sein Bruder nicht für Staatsgeschäfte interessierte. Leon war Schüler des Patriarchen Photios, den er 886 absetzte, und selbst literarisch tätig; vollendete die – mit Basileios I. begonnene – verkürzte griechische Neuausgabe der justinianischen Rechtskodifikation, die »Basilika« [kaiserlichen Bücher], die Grundlage der mittelalterlichen Rechtswissenschaft in Byzanz; er erließ zahlreiche neue Gesetze (Novellen) und eine neue Kirchenordnung (Diatyposis). Sein Beiname »der Weise« ist durch diese geistigen Interessen gerechtfertigt.

Seite 109
... Nordempore der Kirche: Das Mosaik wird meist in die Jahre 912/13

datiert, da Alexander nach Leons Tode 13 Monate regierte. Weil es aber einen verhältnismäßig jungen Mann zeigt, hingegen Alexander bereits seit 886 vollberechtigter Kaiser war, ist solch eine späte Datierung nicht berechtigt.

... (Autokrator): Der offizielle Titel des Kaisers lautete: »Der an Christus glaubende [oder: Christus treue] Kaiser [Basileus] und Selbstherrscher [Autokrator] der Römer«. Mitkaiser führten nur die Bezeichnung »Kaiser der Römer«. Keinen offiziellen Charakter hatten andere Bezeichnungen wie das einfache »Basileus« oder »Despotos« [Herr, Herrscher].

... Naos der Kirche: Da sich unter diesen Heiligen auch der 877 gestorbene Patriarch Ignatios von Konstantinopel befand, der (858 abgesetzt und durch Photios ersetzt worden war, aber nach dessen erster Absetzung 867 das Patriarchat nochmals überommen hatte) bald nach seinem Tode als Heiliger verehrt wurde, ist mit dem Todesjahr ein Terminus post quem gegeben.

Seite 110
Die Beischriften lauten: »Konstantinos, der bei den Heiligen große Kaiser« und (in eigenwilliger Orthographie) »Justioanos, der immer geehrte Kaiser«. Der Kaiserornat bei der Krönung und an hohen Festtagen bestand aus der purpurnen »Tunika« mit »Clavi« (Goldstreifen), dem darüber angezogenen purpurnen »Sakkos« und dem goldbrokatenen, üppig mit Edelsteinen und Perlen bestickten langen »Loros« (Zeremonialbinde). Dazu trugen die Kaiser die »Stemma« (Kronreifen) und goldgestickte Purpurschuhe.

Seite 111
Zoë und ihre Schwester Theodora waren die Letzten aus der Makedonendynastie. Zoë hatte 1028 – auf Wunsch ihres sterbenden Vaters Konstantin VIII. – Romanos III. Argyros geheiratet; 1034 heiratete sie ihren erheblich jüngeren Liebhaber Michael IV., der 1041 einer tödlichen Krankheit erlag. Kaiser wurde sein Neffe Michael V., den Zoë adoptiert hatte. Als dieser die Kaiserin in ein Kloster sperren ließ, um die Macht ungestört ausüben zu können, wurde er nach viermonatiger Herrschaft durch einen Volksaufstand gestürzt. Das Volk forderte die gemeinsame Herrschaft Zoës und Theodoras. Weil das an der mangelnden geschwisterlichen Liebe und politischen Unbedarftheit der beiden alten Damen scheiterte, kam es 1042 zur dritten Ehe der 64jährigen Zoë mit Konstantinos IX. Monomachos; Zoë starb 1050. Nach ihres Schwagers Tod 1055 regierte Theodora 21 Monate lang bis zu ihrem Tode allein das Reich. – An dem Mosaik in der Hagia Sophia fällt auf, daß alle drei Köpfe später eingesetzt und die Buchstaben von Konstantins Namen ziemlich schluderig – im Vergleich zu seiner Titulatur und dem Namen der Kaiserin – eingefügt wurden. Das Mosaik brachte man also 1042 auf den neuesten Stand; wahrscheinlich war es schon anläßlich Zoës erster Ehe gesetzt und je-

weils der neuen Lage angepaßt worden, wobei man – den deutlichen Bruchspuren zufolge – auch das Haupt Christi dem neuesten Trend folgend ersetzte.

Seite 112
... wurden: Wir kennen diese Mosaiken aus Photographien, die vor dem Ersten Weltkrieg gemacht und später publiziert wurden: Th. Schmit »Die Koimesis-Kirche von Nikaia«, Berlin + Leipzig 1927.

... *Chios*: Nea Moni [Neues Kloster] wurde so schon in einer Kaiserurkunde (Chrysobull) von 1044 genannt. Diese Stiftung zu machen hatte Konstantin IX. Monomachos gelobt, als er unter Michael V. exiliert worden war und gehört hatte, daß drei Eremiten aus Chios in einem abgebrannten Wald einen von den Flammen verschonten Myrthenstrauch mit einer Marienikone entdeckt hätten. Die Mosaiken sind durch den Einsturz der Kuppel bei einem Erdbeben 1881 stark beschädigt worden. Eingehend publiziert: G. Matthiae »I mosaici della Nea Moni a Chios«, Rom 1964.

S. 113
... stehen: H. Logwyn »Kiewer Sophienkathedrale«, Kiew 1971.

... Athen: Die Entstehungszeit dieser Mosaiken ist umstritten: Ich folge hier der üblichen Ansetzung, kann aber nicht ausschließen, daß auch eine um ein Jahrhundert spätere Entstehung denkbar wäre. Hingegen ist der Versuch Frolows (»La date des mosaïques de Daphni« in »Revue Archéologique« 1963, S. 183 ff.), sie dem späten 10. Jahrhundert zuzuweisen, sicher unhaltbar. Die hohe künstlerische Qualität dieser Mosaiken kennt keine Parallele und erschwert darum eine unbestreitbare Datierung.

Seite 114
Vgl. V. N. Lazarev »Michaijlovski Mosaiki«, Moskau 1966.

Seite 115
... *Dom*: Vgl. O. Demus »The Mosaics of Norman Sicily«, London 1949.

... zeigt: Auf eine eingehendere Analyse der normannischen Mosaiken muß hier verzichtet werden, da noch viele Fragen (wie zum Beispiel nach der Abgrenzung zwischen byzantinischen und sizilianischen Meistern) zu wenig geklärt und zu sehr in der Spezialforschung umstritten sind. Außerdem ist die Frage unbeantwortet, in welchem Maße sich die katholischen ikonographischen Traditionen auf die Gestaltung der Mosaiken und damit auch auf den Stil auswirkten.

... Höhlenkirchen: Kappadokien, die inneranatolische Landschaft um Kayseri (das antike Kaisareia) birgt in der phantastischen Felslandschaft um Ürgüp (87 km westsüdwestlich von Kayseri) viele Höhlenkirchen. Ihre und ihrer Wandmalerei Entdeckung am Anfang unseres Jahrhunderts (G. de Jerphanion »Les églises rupestres de Cappadoce. Une nouvelle province de l'art byzantin«, Paris 1925 ff.) war eine Sensation für die byzantinische Kunstgeschichte, die so viele Fresken auf so engem Raum noch nie kennengelernt hatte. Die lange anhaltende Überbewertung dieser Gemälde, die bis zum Postulat einer führenden Rolle in der malerischen Entwicklung von Byzanz führte, wurde inzwischen durch M. Restle (»Die byzantinische Wandmalerei in Kleinasien«, Recklinghausen 1967) korrigiert, der auch zahlreiche der früher üblichen Datierungen berichtigte. Ein Vergleich der Aufnahmen Jerphanions mit Restles zeigt, wie groß der Substanzverlust in rund zwei Generationen ist. Seither wurden viele ausgemalte Höhlenkirchen entdeckt und publiziert.

Seite 116

... Blderfolge: Zur Kiliçlar Kilise vgl. M. Restle »Die byzantinische Wandmalerei in Kleinasien« II, Recklinghausen 1967, Abb. 251–78: Nicht alle Fresken sind von der Schönheit des Verkündigungsengels, manche linearer und härter, lassen aber das hauptstädtische Vorbild noch durchschimmern. Zur Toqali Kilise vgl. Restle, op. cit., Abb. 62–97; in der neuen Kirche entstanden die jüngeren Malereien gegen Ende des 10. Jahrhunderts, wurden aber später übermalt (vgl. Restle, op. cit., Abb. 98–112). Wegen dieser zeitlich nicht sicher fixierten Übermalungen wird hier auf die Behandlung der teilweise sehr qualitätvollen Fresken verzichtet. Die übrigen Zyklen des 10. Jahrhunderts in Göreme zeigen nur die örtliche Weiterentwicklung dieser beiden frühen Ausdrucksmöglichkeiten, weshalb sie hier ebenfalls nicht berücksichtigt werden.

... an: Die Kirche wurde 1028 von dem »Protospatharios« (hohen Hofbeamten) und »Katepan« (Befehlshaber der Truppen und Statthalter einer Provinz) Christophoros und seiner Familie gestiftet (vgl. K. Papadopoulos »Die Wandmalereien des XI. Jahrhunderts in der Kirche Panhagia ton Chalkeon in Thessaloniki«, Graz + Köln 1966).

... erhalten: Ohrid (Achrida) war unter Zar Samuil die Hauptstadt des westbulgarischen Reiches und wurde – nach dessen Vernichtung durch Basileios II. – Sitz des autokephalen (vom Patriarchat in Konstantinopel unabhängigen) Erzbistums des byzantinischen Themas Bulgarien. Die Erzbischöfe wurden vom Kaiser ernannt und kamen meist aus dem Klerus von Konstantinopel. Der Gemäldestifter war Erzbischof Leon, vorher ein »Chartophylax« (Archivar) an der Hagia Sophia in Konstantinopel, der mit seiner antilateinischen Polemik jenen Streit auslöste, der 1054 zum großen Schisma führte. Aus seiner Zeit stammen noch die Fresken im Altarraum, im Narthex, an der Westwand und an einzelnen Stellen der Naoswände. Einen guten Überblick bietet: V. J. Đurić »Die Kirche der Hl. Sophie in Ohrid«, Belgrad 1963.

Seite 119
... wäre: V. J. Đurić »Byzantinische Fresken in Jugoslavien«, München 1976, S. 12.

... Nikitari: A. & J. Stylianou »Panhagia Phorbiotissa Asinou«, Nikosia 1973. Die Kirche war eine Stiftung des »Magistros« (hohen Hofbeamten) Nikephoros; etwa zwei Drittel ihrer ursprünglichen Ausmalung sind erhalten. Pan(h)agia ist ein Ehrentitel Mariä, der die Kirche geweiht war – der Beiname »Phorbiotissa« ist nicht eindeutig geklärt.

Seite 122
Zu Kastoria vgl. St. Pelikanides »Kastoria«, Thessalonike 1953.

Seite 124
... Theatralik: Das gilt für alle Malereien von Kurbinovo, die zum Teil geradezu wie ein Kult der Häßlichkeit wirken; vgl. A. Nikolovski »The Frescoes of Kurbinovo«, Belgrad 1961.

»... Engel«: N. M. Woronin »Wladimir, Bogoljubow, Susdal, Jurjew-Polskoi«, Leipzig 1962, S. 65 f.; vgl. I. E. Grabar, W. N. Lasarew [V. N. Lazarev] & W. S. Kamenow »Geschichte der russischen Kunst« I, Dresden 1957, Abb. 263 ff.

... Zypern: A. & J. Stylianou »The Painted Churches of Cyprus«, (o. O.) 1964, S. 70 ff.

Seite 125
Im byzantinischen Griechisch bedeutet »Ikone« jede religiöse Darstellung: Tafelbild, Wandgemälde, Mosaik, Relief oder Statue. In diesem Sinne ist alles Ikone, was wir an Malerei betrachtet haben und an Plastik noch sehen werden. Also ist des Begriffes »Ikone« Einengung auf die Tafelmalerei zwar unzulässig, aber seit der Goethe-Zeit so fest eingewurzelt, daß auch wir ihn hier in diesem verkürzten Umfange verwenden.

Seite 126
Die einmalig reichen Ikonenbestände dieses Klosters werden systematisch und vollständig veröffentlicht: K. Weitzmann »The Monastery of Saint Catherine at Mount Sinai. The Icons« I: »From the 6th to the 10th Century«, Princeton 1976.

Seite 131
Acheiropoietos: nicht von Hand gemacht. »Abgar« war der Titel des Herrschers von Edessa (Homs) in Syrien: Nachdem der Abgar von Jesu Wundern gehört hatte, wollte er ihn porträtieren lassen; als das dem Künstler trotz mehreren Versuchen mißlang, habe Jesus sich ein Leinen-

tuch aufs Gesicht gedrückt, dessen Züge sich darin wunderbar abbildeten, und dem Maler mitgegeben. – »Mandylion« heißt Taschentuch.

Seite 132
H. G. Beck »Von der Fragwürdigkeit der Ikone«, München 1975, S. 3.

Seite 133
... wurden: W. F. Volbach & J. Lafontaine-Dosogne »Byzanz und der christliche Osten« (Propyläen-Kunstgeschichte III), Berlin 1968, S. 204.

... weiterhin: Noch Michael VIII. Palaiologos ließ eine Bronzestatue von sich in dem 1261 zurückeroberten Konstantinopel auf einer Säule aufstellen; also gab es noch zu seiner Zeit Künstler, die diese Technik beherrschten, was sich nur aus dem Fortbestehen der künstlerischen wie der technischen Tradition erklären läßt.

... gab: Auch hier darf man von einem späten Werk zurückschließen: Die fast vollrunde Holzstatue »Der hl. Kliment« (Ohrid, Sv. Kliment) entstand im frühen 14. Jahrhundert. Außerdem haben wir Schriftquellen, die ernst genommen werden sollten: So erwähnte Nikephoros Gregoras († 1359/60) eine silberne Michaelsstatue, die von Michael VIII. gestiftet worden war (»Römische Geschichte« VI 9 § 1); Stefan von Novgorod sah in der Palastkirche Nea eine lebensgroße Christusstatue (B. de Khitrovo »Itinéraires russes en orient« I 1, S. 120).

... an: R. Lange »Die byzantinische Reliefikone«, Recklinghausen 1964.

Seite 134
... Wasserrohren: Zehn der von R. Lange gesammelten 59 Reliefikonen gehören zu diesem Typus; sie stammen vorwiegend aus mittelbyzantinischer Zeit; nur bei der provinziellen Reliefikone »Der hl. Agathonikos« (Caorle, Kathedrale), die vielleicht im 12. Jahrhundert entstand, kommt die Durchbohrung der Hände auch bei einem Heiligen vor, der nicht mit heiligen Quellen verbunden ist.

... berichtet: »De ceremoniis aulae byzantinae« (ed. J. J. Reiske), Bonn 1829–30, II 12.

... Kopien: R. Lange »Die byzantinische Reliefikone«, Recklinghausen 1964, Nr. 1–5, 11, 15, 19–20.

Seite 135
... soll: id., S. 51. Die Bohrlöcher sind ausgefüllt.

... *Platytera*: Mit »Platytera« bezeichnet man eine betende Maria, vor deren Brust ein Tondo mit dem Bilde des segnenden Christusknaben schwebt. Diese Bezeichnung kommt aus einem Hymnus der orthodoxen Liturgie, worin es heißt, Mariä Schoß sei weiter (πλατυτέρα) als die Himmel, da er den ewigen Gottessohn aufnahm; also ist damit Maria nach der Verkündigung gemeint. Zur »Platytera« in S. Marco vgl. R. Lange, op. cit., Nr. 6.

... wurde: D. T. Rice »Kunst aus Byzanz«, München 1959, Abb. 150.

... Jahrhunderts: R. Lange, op. cit., Nr. 8, 21 + 28.

Seite 137
... Kunst: Es ist H. Wentzels Verdienst, in einer Reihe von Aufsätzen (in den »Aachener Kunstblättern« und dem »Pantheon«) auf diesen sicher bedeutenden Zustrom kleiner, mobiler Kostbarkeiten hohen künstlerischen Ranges hingewiesen und versucht zu haben, Teile davon aufzuspüren. Wenn man ihm auch in manchen Einzelheiten nicht zustimmen kann, so ist doch die Erkenntnis, daß es vor 1204 nur diesen einen großen und bedeutenden Schub hochqualitätvoller byzantinischer Kunstwerke gegeben hat, für die Frage nach der Streuung solcher Stücke im kirchlichen Besitz wichtig.

... antrat: Konstantin VII. (* 906) wurde schon 908 (als Kleinkind) von seinem Vater Leon VI. zum Mitkaiser gekrönt und erbte 913 nach dem Tode seines Onkels Alexander den Thron. Nachdem seine Vormünder gegen Symeon von Bulgarien gescheitert waren, mußte er den Flottenbefehlshaber, der 919 sein Schwiegervater mit dem Titel »Basileopator« wurde, als Romanos I. Lakapenos 920 zum Mitkaiser krönen. Schon 921 vermochte dieser mächtige Mann, ein armenischer Bauernsohn, den jungen Konstantin an die zweite Stelle zu verdrängen, statt dessen seinen eigenen Sohn Christophoros zum ersten Mitkaiser und damit zum Thronerben zu erheben; 924 machte er auch seine Söhne Stephanos und Konstantinos zu Mitkaisern, die freilich hinter Konstantin VII. rangierten. Als Christophoros 931 starb, wurde Konstantin VII. wieder erster Mitkaiser. Romanos' jüngere Söhne fürchteten, daß nach dem Tode ihres Vaters der Makedonensproß regierender Kaiser würde; darum stürzten sie ihren Vater, deportierten ihn und steckten ihn ins Kloster, wo er 948 starb. Aber sie hatten sich verrechnet: Konstantin VII., der legitime Kaiser, hatte den stärkeren Anhang, ließ die beiden verhaften, verbannen und töten. Am 27. 1. 945, fast 37 Jahre nach seiner Krönung zum Mitkaiser, wurde er endlich Autokrator; er regierte bis zu seinem Tode 959.

Seite 138
»Darlegung der Ordnung des Kaisers«, meist zitiert als »De ceremoniis aulae byzantinae« nach dem Titel der Ausgabe von J. J. Reiske, Bonn 1829–30; zuletzt herausgegeben von A. Vogt, Paris 1935–40.

Seite 140
Zum Gürtel Mariä vgl. C. v. Tischendorf »Apocalypses apocryphae«, Leipzig 1866, S. 124–36: Der in Indien missionierende Apostel Thomas sei zu spät zur Beisetzung der Gottesmutter gekommen, habe auf seiner übernatürlichen Luftreise nach Jerusalem die zum Himmel auffahrende Maria getroffen und von ihr den Gürtel erhalten, mit dem die Apostel ihr Grabgewand gegürtet hätten. – Zur konstantinopolitanischen Andreas-Legende vgl. F. Dvornik »The Idea of Apostolicity in Byzantium and the Legend of the Apostle Andrew«, Washington (D. C.) 1958. Daß Andreas der Erstberufene der zwölf Apostel gewesen sei, stützt sich auf das Johannes-Evangelium, Kapitel 1, Vers 40–42: Andreas, ein Jünger Johannes' des Täufers, schloß sich Jesu an und führte ihm seinen Bruder zu. – Zu den Ketten des Petrus vgl. F. Gregorovius »Athenais. Geschichte einer byzantinischen Kaiserin«, (Neuausgabe) Dresden 1952, S. 144 f. – Zum Heiligen Kreuz in Konstantinopel: Der Chronist Theophanes Homologetes († 818) datierte in seiner »Chronographia« (ed. C. de Boor I, S. 337) die Überführung durch Herakleios ins Jahr 635; hingegen der Patriarch Nikephoros ließ sie in seinem »Breviarium« (ed. C. de Boor, S. 22) bereits 630 bei Rückgewinnung der Reliquie erfolgen; zu dieser Reliquie in Konstantinopel vgl. A. Frolow »La Relique de la Vraie Croix«, Paris 1961, S. 73 ff.

Seite 142
... zeigt: Romanos II., Sohn Konstantins VII. und seiner Gemahlin Helena Lakapena, wurde 945 von seinem Vater zum Mitkaiser erhoben. Er war als Kind auf Wunsch seines Großvaters Romanos I. mit einer Tochter Hugos von Vienne (926–40 König von Italien) verheiratet worden, die den byzantinischen Namen Eudokia erhielt. Sie starb früh. Romanos heiratete 956 die Schankwirtstochter Anastaso, die bei der Hochzeit den Namen Theophano erhielt. Bei dieser Gelegenheit darf darauf hingewiesen werden, daß die byzantinische Gesellschaft offen war: Menschen geringster Herkunft konnten bis zur Spitze aufsteigen, weil es einen etablierten Erbadel noch nicht gab (abgesehen von dem bis Mitte des 11. Jahrhunderts nur selten in die Reichspolitik eingreifenden kleinasiatischen Grundadel). Seit dem Bilderstreit wurde beispielsweise Kaiser: mit Leon V. ein im Militärdienst aufgestiegener Armenier; mit Michael II. ein kleinasiatischer Haudegen ohne Bildung; mit Basileios ein ehemaliger Stallmeister aus ärmlichsten Verhältnissen in Makedonien; mit Romanos I. ein armenischer Bauernsohn; mit Michael V. der Sohn eines Kalfaterers.

... nennen: Die Elfenbeinschnitzereien wurden von A. Goldschmidt und K. Weitzmann 1930 und 1934 vorgelegt. Der Begriff »Romanos-Gruppe« stammt von ihnen. Ihre Gruppierung des Materials gilt heute noch; nur wenige Korrekturen haben sich durchgesetzt. Einige wichtige, darin nicht erfaßte Stücke publizierte K. Weitzmann im »Catalogue of the Byzantine and Early Mediaeval Antiquities in the Dumbarton Oaks Collection« III: »Ivories and Steatites«, Washington (D. C.) 1972.

Seite 143
»Hodegetria« (Wegleiterin) heißt dieser Madonnentyp, weil er dem hochverehrten Marienbild in der Kirche des Hodegon-Klosters zu Konstantinopel nachgebildet sein soll. In diesem Kloster gab es eine Quelle, welche Augenkrankheiten heilte. Zu ihr wurden die kranken oder blinden Pilger von Mönchen geführt, daher ihr Name »Wegleiter«, der auf das Kloster überging.

Seite 144
Aus derselben Schnitzschule ist eine Darstellung des Themas, die sich in der Leningrader Ermitage befindet, schwächer in der Ausführung. Die hohe Qualität, enorme Plastizität und lebendige Bewegtheit der Berliner Tafel, die einst das Mittelstück eines Triptychons war, veranlaßte manchen Forscher, sie vom Ende des 12. bis ins 14. Jahrhundert zu setzen, was sich aber als unhaltbar erwies. – Die 40 Märtyrer von Sebaste (Armenien) sind, ihrer »Passio« zufolge, Soldaten gewesen, die unter Licinius (308–24) wegen ihres Festhaltens am christlichen Bekenntnis durch Erfrieren in einem Teich starben (daher das Badehaus rechts über der Wasseroberfläche). Weil schon die Kirchenväter Basileios der Große und Gregor von Nyssa ihnen im (späteren) 4. Jahrhundert Lobpreisungen widmeten, dürfte ihr Martyrium historisch sein.

Seite 148
... an: Die meist angebotene Deutung – der Kaiser sei vor einer eroberten Stadt dargestellt, die sich ihm durch die Überreichung einer Krone unterwerfe – scheitert aus zwei Gründen: 1. Welcher Eroberer wendet sich wohl von einer Stadt in dem Augenblick ab, in dem sie sich ihm unterwerfen will? 2. Nur eine Stadt kann die Kaiserkrone überreichen: Konstantinopel.

... identifizieren: K. Weitzmann wollte ihn mit Romanos II. in Verbindung bringen (»Byzantine Art – European Art«, Athen 1963, S. 159). Jedoch zeigt dieses Bild keine Ähnlichkeit mit dem weichen Knabengesicht des Kaisers auf seiner Krönungstafel, auf die sich Weitzmann berief; auch die Kronenform ist anders. Beider Kaiser Jugend allein genügt nicht, um sie miteinander zu vergleichen.

... behaupten: Vgl. F. Dölger »Die ›Familie der Könige‹ im Mittelalter« in »Byzanz und die europäische Staatenwelt«, Ettal 1953, S. 159 ff./ G. Ostrogorsky »Die byzantinische Staatenhierarchie« in »Zur byzantinischen Geschichte«, Darmstadt 1973, S. 119 ff.

Seite 149
Von den 20 Herrschern zwischen 1025 und 1203 wurden drei ermordet, acht abgesetzt (von ihnen drei geblendet), neun starben eines natürlichen Todes. – Das Absinken von der unter Basileios II. erreichten Höhe ging rasch: Den angesammelten Schatz vergeudete sein Bruder Konstantin

VIII. (reg. 1025–28), dessen Schwiegersohn Romanos III. Argyros (1028–34) auf wesentliche Steuereinnahmen zugunsten der Großgrundbesitzer verzichtete. Michael IV. (1034–41) war ein ausgezeichneter Feldherr, bedrückte aber das Volk mit so hohen Steuern, daß ein Slavenaufstand ausbrach, der nur mit hohen Kosten niedergeschlagen werden konnte. Konstantin IX. Monomachos (1042–55) war ein leichtsinniger Lebemann, der mit seiner Gemahlin und deren Schwester Theodora das Geld verschwendete; zwar blühten Literatur und Wissenschaften, aber die Finanzen standen immer schlechter, zumal der Kaiser Steuerbefreiungen an Großgrundbesitzer verlieh; das Heerwesen verfiel, die Themenordnung lokkerte sich, der seit Konstantin dem Großen stabile Münzwert sank, weil man dem Münzgold unedle Metalle beimischte. Zwei Usurpationen bedrohten den Thron. Neue kriegslustige Völker betraten die politische Bühne: im Osten die Seldjuken; im Westen die Normannen; im Norden die Petschenegen, Uzen und Kumanen – asiatische Reitervölker wie einst die Hunnen, Avaren und Ungarn. Michael VI. (1056–57), von Theodora zu ihrem Nachfolger bestimmt, suchte die Beamtenschaft durch große Geschenke fester an sich zu binden, kam aber in Konflikt mit den kleinasiatischen Grundherren, deren einer als Isaak I. Komnenos (1057–59) zum Kaiser ausgerufen wurde. Dieser Kaiser, der die militärische Lage des Reiches stabilisieren konnte, scheiterte am Konflikt mit der Kirche, deren Güter er zugunsten des Reiches einzuziehen anfing. An seine Stelle trat Konstantin X. Dukas (1059–67), der das Heer vernachlässigte und verkleinerte, aber für den Hof und die Beamtenschaft das Geld mit vollen Händen hinauswarf. Währenddessen begann das Reich, an den Rändern abzubröckeln: 1059 eroberten die Ungarn Belgrad, 1067 die Seldjuken Kaisareia in Kappadokien. Nachdem Konstantin X. gestorben war, heiratete seine Witwe Eudokia den General Romanos IV. Diogenes (1068–71), der den Kampf in Kleinasien zunächst erfolgreich aufnahm, aber 1071 durch seine Niederlage bei Manzikert in seldjukische Gefangenschaft geriet. An seiner Stelle wurde Michael VII. Dukas (1071–78) zum Autokrator ausgerufen. Unter ihm ging die Talfahrt weiter; die Teuerung wuchs; Bari fiel 1071 in die Hände der Normannen; Konstantin Bodin ließ sich 1072 in Prizren zum Zaren ausrufen; Demetrius Zvonimir von Kroatien und Michael von Zeta, reichsuntertänige slavische Stammesfürsten, nahmen von Papst Gregor VII. 1076 und 1077 Königskronen an; die Petschenegen plünderten die Balkanprovinzen; die Ungarn überfielen das Reich mehrmals. Der General Nikephoros III. Botaneiates stürzte den unfähigen Kaiser 1078 und setzte sich an dessen Stelle; aber da andere Generäle sich für besser geeignet hielten, kam es zum Bürgerkrieg, aus dem die Seldjuken Vorteil zogen. Schließlich setzte sich 1081 Alexios I. Komnenos durch. An der östlichen Adriaküste sah er sich dem Angriff der Normannen gegenüber, deren Führer Robert Guiscard die Kaiserkrone an sich reißen wollte. Alexios mußte sich durch Beschlagnahme von Kirchenschätzen Geld verschaffen; er kämpfte mit Hilfe Venedigs, dem er dafür Handelsprivilegien einräumte, erfolgreich gegen die Normannen, – mit Hilfe der Kumanen gegen die Petschenegen, dann gegen die Kumanen, dann – mit den Teilnehmern des 1. Kreuzzuges – gegen die Seldjuken, dann wieder gegen die Normannen. Um die Ungarn fernzuhalten, vermählte er seinen Sohn Johannes mit einer Tochter des Ungarnkönigs. Als er 1118 starb, war das Reich wieder gefestigt, aber das Geld weiter entwertet, der wirtschaftliche Schaden durch Kriegsanstrengungen, feindliche Einfälle, starken Währungsverfall und Einnahmeminderung infolge der Privilegien für Venedig lebensbedrohend, die Steuerlast im Reich drückend. Alexios' Sohn Johannes II. (1118–43) vernichtete 1122 die Petschenegen, zwang die Serben wieder in die Botmäßigkeit, wehrte die Ungarn ab, die sich erneut auf Kosten des Reiches ausdehnen wollten, und erweiterte das Reich im Osten wieder bis Antiochia. Unter ihm erholte sich das Reich auch wirtschaftlich. Sein Nachfolger Maunel I. (1143–80) war ein großer Kriegsmann, verfiel aber dem irrealen Traum von der Wiederherstellung des Justinianischen Reiches und poverte sein Land um dieses Zieles willen rücksichtslos aus; zwar errang er Erfolge, aber gegen Ende seines Lebens kamen harte Rückschläge, so daß er das Reich seinem minderjährigen Sohn verarmt und tief im Ansehen gesunken hinterließ. Alexios II. wurde 1183 von Anhängern seines Mitkaisers Andronikos I. (eines Vetters Manuels I.) beseitigt. Andronikos versuchte mit brutaler Gewalt, die Lage des Reiches durch die Ausschaltung des Grundadels und die Bekämpfung der Korruption zu verbessern. Die Ungarn griffen wieder an; die Serben machten sich unabhängig und paktierten mit ihnen; die Normannen eroberten Dyrrachion und Thessalonike; Zypern riß sich vom Reich los; in Kleinasien erhoben sich die Grundherren gegen den Kaiser. Ein Tumult in Konstantinopel brachte ihm 1185 den Tod durch die wütende Volksmenge. An die Stelle der Komnenen traten die Angeloi: zuerst Isaak II. (1185–95), dann sein Bruder Alexios III. – beide unfähige Herrscher, Alexios zudem korrupt bis ins Mark. Der Zerfall des Reiches ging rasch voran: Bulgarien machte sich selbständig; Serbien riß Reichsgebiet an sich; der Staufer Heinrich VI. erpreßte einen ungeheuren Tribut (die »Alemannensteuer«). Heer und Flotte von Byzanz standen nur noch auf dem Papier: Der letzte Flottenbefehlshaber verhökerte die letzten Schiffe und steckte den Erlös in die eigene Tasche. Das große Reich im Osten stand unmittelbar vor dem Untergang.

Seite 151
... manifestiert: Konstantin der Große hatte an die von ihm gestiftete Konstantinopler Apostelkirche sein Mausoleum anbauen lassen, in dem sein Sarg zwischen den Stelen (oder Kenotaphen) der zwölf Apostel aufgestellt war. Die Votivkrone, die zur venezianischen Beute von 1204 gehört, dürfte dieser Kirche gestiftet gewesen sein. – Die hier angewandte Technik, wie sie in Byzanz fast ausschließlich ausgeübt wurde, ist folgende: Auf eine Platte aus Gold oder Elektron (eine Gold-Silber-Mischung) wird mit flach gehämmerten Golddraht die Zeichnung aufgelötet, die zugleich die einzelnen Felder (Zellen) bildet, die für die verschiedenen Farben vorgesehen sind. Dann wird in die Zellen Glaspulver gefüllt, das

im Schmelzofen zu Farbflächen schmilzt. Man nimmt zuerst die Farbe mit dem höchsten Schmelzpunkt und wiederholt den Schmelzvorgang bis zur Farbe mit dem niedrigsten Schmelzpunkt; dabei muß jede Farbe meistens zweimal geschmolzen werden, um die Zellen hoch genug und gleichmäßig zu füllen. Zum Schluß wird die gesamte Oberfläche plan geschliffen.

... stiftete: Auf dem Kelchfuß findet sich die Inschrift: »Herr, hilf Romanos, dem rechtgläubigen Despotes«.

Seite 152
... Basileios: Der Eunuch Basileios wurde 963 als »Parakoimomenos« (der neben dem kaiserlichen Gemach Schlafende) mit dem für ihn geschaffenen Titel »Proëdros« (Vorsitzender) zum Leiter der zivilen Verwaltung berufen, nachdem Nikephoros II. Phokas die Witwe Romanos' II. geheiratet hatte. Dieselbe Stellung behielt er unter Johannes I. Tzimiskes (969–76). Nach Johannes' Tod verhalf er Romanos' Söhnen Basileios II. und Konstantin VIII. als den legitimen Thronerben zur Herrschaft. Da sich Basileios II. von seinem Großonkel nicht auf die Dauer gängeln lassen wollte, versuchte der »Proëdros« eine Verschwörung mit Nikephoros' Neffen Bardas Phokas; ihr kam der Kaiser zuvor, ließ den Eunuchen Basileios verhaften und dessen Riesenvermögen nach seiner Deportation 985 konfiszieren. Daß der Proëdros Basileios die Staurothek anfertigen ließ, geht aus der Inschrift auf den Außenseiten des Rahmens hervor. Die in dem flachen Kasten aufbewahrte Kreuzreliquie stammte aus dem Besitz seines Vaters. Daneben waren zahlreiche weitere Reliquien eingelassen: Teile der Windeln Christi, der Dornenkrone, des Schweißtuches, das im Grabe auf seinem Gesicht gelegen hatte, des Purpurmantels, den Pilatus ihm hatte umlegen lassen, des Handtuches von der Fußwaschung, des Essigschwammes, des Schleiers, zweier Gürtel Mariä und einige Haare Johannes' des Täufers – eine stolze Sammlung, die der besitzgierige Eunuch an sich gebracht hatte, und zugleich ein beredtes Zeichen für die unendliche Reliquiengläubigkeit.

... Prunkes: De ceremoniis aulae byzantinae« (ed. J. J. Reiske), Bonn 1829–30, S. 566 ff.

Seite 153
... Rahmen: Diese Reliefikone ist weder vergrößert noch verändert: Die Unterarme mit Schwert und Globus sowie die Beinpanzer sind spätere Zutaten, ebenso die metallenen Flügel. Von den ursprünglich sechs Medaillons im unteren und oberen Rahmenstreifen fehlen drei; oben rechts das Medaillon mit dem hl. Menas sitzt offenbar an falscher Stelle; oben links das Medaillon mit dem hl. Petrus ist erheblich jünger.

... überzogen: In gleicher Technik ein jüngeres Stück, bei dem das Reliefemail nur noch auf dem Hals erhalten blieb, zeigt, wie man den

Glasfuß auf die Metallunterlage band: Sie war ganz dicht mit der Punze aufgerauht, im Gesichtsfeld zusätzlich mit gebogenen Ritzungen versehen; in dieser rauhen Fläche konnte sich das schmelzende Glas verankern (vgl. K. Wessel »Die byzantinische Emailkunst vom 5. bis 13. Jahrhundert«, Recklinghausen 1967, Nr. 55).

... wurden: Die Krone wurde 1860 in der Slovakei gefunden und an das Ungarische Nationalmuseum verkauft. Ob damals Einzelplatten in andere Sammlungen gelangten oder eingeschmolzen wurden, läßt sich nicht mehr aufklären. Zu der Rekonstruktion der Krone und den mit ihrer Zweckbestimmung zusammenhängenden Problemen vgl. K. Wessel »Die byzantinische Emailkunst ...«, loc. cit., Nr. 32.

... Krone: Wahrscheinlich waren es zwei Kronen; denn eine Tänzerinnen-Platte in abweichender Goldlegierung, etwas andrer Farbigkeit und Technik gelangte aus ungarischem Privatbesitz nach London (Victoria & Albert Museum). Vgl. K. Wessel »Die byzantinische Emailkunst ...«, loc. cit., Nr. 33.

Seite 154
... *Krone*: J. Deér »Die heilige Krone Ungarns«, Wien 1966.

... Demetrios: Kral ist der slavische Königstitel; die Inschriften auf den Kaiserplatten sind rot, auf der Geza-Platte blau. Blau war die Farbe des »Kaisar«; also stand Geza dieser hohe Hofrang zu, der damals noch den präsumptiven Thronfolgern verliehen wurde.

Seite 155
W. F. Volbach, H. R. Hahnloser & andere »Il Tesoro di San Marco« I: »La Pala d'Oro«, Florenz 1965. Die Pala wurde 1209 auf Geheiß des Dogen Pietro Ziani erneuert (das heißt, mit Beutegut von 1204 erweitert) und 1345 unter dem Dogen Andrea Dandolo in ihre heutige Form gebracht. Die Emails der Falier-Pala waren wahrscheinlich in Konstantinopel bestellt und gearbeitet worden. Vgl. K. Wessel »Die byzantinische Emailkunst ...«, loc. cit., Nr. 46.

Seite 157
... ist: Es ist anzunehmen, daß Abt Wibald von Stavelot sie und ein weiteres Triptychon aus Konstantinopel von einer seiner Gesandtschaftsreisen, die er 1155 und 1157 unternahm, mitbrachte.

... werden: R. J. H. Jenkins »A Cross of the Patriarch Michael Cerularius« in »Dumbarton Oaks Papers« XXI 1967, S. 233 ff.

Seite 158
Die Entstehungszeit der »Donatio Constantini« ist heftig umstritten: Die Theorien umfassen den Zeitraum zwischen der Vorbereitung auf Papst

Stephans II. Reise zu Pippin nach Ponthion 753 (dann wäre die Fälschung ein Werk der römischen Kurie) und der Herrschaft Karls des Großen oder seiner Nachfolger (dann könnte Papst Leos III. Umgebung oder die fränkische Kirche das Dokument fabriziert haben). Wie dem auch sei, vieles, was den päpstlichen Primat auch Konstantinopel gegenüber unterstrich, war für Kerullarios unbrauchbar; hingegen konnte er für sich ausnutzen, daß Konstantin dem Papst Silvester den kaiserlichen Ornat und die Kaiserkrone verliehen und erklärt haben soll, es sei nicht recht, daß ein irdischer Kaiser dort herrsche, wo vom himmlischen Kaiser die Herrschaft der Priester und des Oberhauptes der christlichen Religion eingesetzt sei. Bezog sich das in der »Donatio Constantini« auch auf Rom und die Nachfolger Petri, so konnte man es ja auf das »Neue Rom« (Konstantinopel) und die Nachfolger des erstberufenen Apostels Andreas übertragen, die den stolzen Titel »Ökumenischer Patriarch« trugen. Photios' Versuch, die Gleichrangigkeit der weltlichen und der geistlichen Macht zu erreichen, scheiterte, weil Basileios I. das Rechtsbuch (die »Epanagoge«), in das der Patriarch seine Anschauungen eingebracht hatte, nicht in Kraft setzte; Michael Kerullarios scheiterte mit seinem noch höher greifenden Anspruch an Isaak I., der sich von den Absetzungsdrohungen des Patriarchen nicht einschüchtern, sondern den Kirchenfürsten verhaften und deportieren ließ.

Seite 159
Vgl. K. Wessel »Die byzantinische Kunst, ihr Lebensraum und Ausstrahlungsbereich« in »Kunst und Geschichte in Südosteuropa«, Recklinghausen 1973, S. 11 ff.

Seite 162
... hatte: Stefan Nemanja, Groß-»Župan« (-Häuptling) der Serben seit 1166/67, machte sich nach Kaiser Manuels I. Tod 1180 selbständig, dehnte seinen Herrschaftsbereich bis an die Küste (Zeta) aus und griff in die balkanische Politik ein, um die bulgarische Verselbständigung zu unterstützen; er bezog offen Stellung gegen Byzanz, als Kaiser Friedrich I. »Barbarossa« mit den Kreuzfahrern erschien, und festigte so seinen jungen Staat. 1196 zog er sich ins Kloster Studenica zurück; später ging er ins Kloster Hilandar auf dem Athos, wo er als Mönch Symeon lebte. Sein Sohn Rastko, als Mönch Sava genannt, weilte ebenfalls einige Zeit in Hilandar; er wurde Abt von Studenica. Vukan versuchte 1203 mit ungarischer und päpstlicher Hilfe, seinem Bruder Stefan die Nachfolge als Groß-Župan zu entreißen, scheiterte aber an dessen politischem Geschick. Stefan nahm 1217 aus der Hand des Papstes die Königskrone an, daher sein Beiname »Prvovenčani« (Erstgekrönter). Aber 1219 ließ er seinen Bruder Sava mit dem Ökumenischen Patriarchen in Nikaia Verhandlungen aufnehmen, woraufhin die serbische Kirche als eigenes Erzbistum aus der Obödienz des Erzbistums Ohrid ausschied; Sava wurde ihr erster Erzbischof mit Sitz in Žiča, wo aus dieser Zeit einige Freskenreste in schlechtem Zustand erhalten blieben.

... hat: Leider ist gerade jene Stelle, an der des Malers Name stand, so beschädigt, daß er für uns anonym bleibt.

Seite 164
Da den beiden Stifterbildern nachträglich und nicht sehr geschickt eine Krone aufgesetzt wurde, müssen sie vor Vladislavs Krönung 1234 entstanden sein. Als Termin für den Beginn der Malerei wird man 1230 annehmen dürfen.

Seite 166
V. J. Đurić »Byzantinische Fresken in Jugoslavien«, München 1976, S. 54.

Seite 168
O. Demus »Die Entstehung des Paläologenstils in der Malerei«, München 1958, S. 18 f.

Seite 169
... kam: Theodoros II. Laskaris hatte 1258 Georgios Muzalon, einen Mann niedriger Herkunft, zum Regenten für den siebenjährigen Knaben bestimmt. Während des Trauergottesdienstes für den Kaiser wurde Muzalon vor dem Altar ermordet. Die adligen Mörder, die noch vor wenigen Tagen dem Kaiser und dem Regenten Gehorsam geschworen hatten, machten Michael Palaiologos, der mit den mittelbyzantinischen Kaiserfamilien verwandt war, zunächst zum »Megas Dux«, dann zum »Despotes«. Als Mitkaiser schwor er, die Rechte Johannes' IV. zu wahren, ließ aber wenige Monate nach der Rückgewinnung Konstantinopels seinen eigenen Sohn Andronikos zum Mitkaiser ausrufen und bald danach Johannes IV. blenden.

... gewußt: Unter Johannes III. Vatatzes erstreckte sich die Herrschaft des Reiches von Nikaia über Nordwest-Kleinasien – mit Ausnahme der Halbinsel Chrysopolis (Skutari = Üsküdar), über die Dodekanes, Samos, Ikaria, Chios und Lesbos; auf dem europäischen Festland, wo für Konstantinopel nur ein Vorfeld von etwas geringerer Ausdehnung als jenseits des Bosporus übrigblieb, umfaßte sie einen breiten Streifen bis zur Marica im Norden, bis zur Morava nördlich von Skopje, von dort bis zur Drin, im Westen bis zu einer Linie, die von der Adriaküste südlich von Krujë zu den Südspitzen des Ohrid- und des Prespa-Sees verlief, im Süden bis zum Iliakmon und zur Küste der Ägäis. Theodoros II. fügte dem Dyrrhachion (Durrës) mit Servia hinzu.

... Reichsgrenzen: Gefährdung des Seldjuken-Sultanats durch die Mongolen, innere Wirren in Bulgarien, die mit der Erhebung von Konstantin Tich, einem Schwiegersohn Theodoros' II., 1257 endeten.

... wiederhergestellt: Serbien war zur emporsteigenden Macht geworden. Venedig und Genua beherrschten das Meer, Venedig zudem die wichtigsten Inseln von Euböa bis Kreta. Attika und Böotien standen unter »fränkischer« Herrschaft, ebenso der größere Teil der Peloponnes; Epiros und Teile von Thessalien waren wegen der Union von Lyon abgefallen.

Seite 170
Michael VIII. hatte sie Genua gewährt, um Venedig auszuschalten, dann aber auch Venedig wieder gewähren müssen, um es von einem Bündnis mit der antibyzantinischen Koalition abzuhalten.

Seite 171
Die byzantinische Herkunft der beiden Ikonen dürfte schon deswegen ausgeschlossen sein, weil sie nicht die traditionellen und notwendigen Namensabkürzungen zeigen.

»Szenen aus Tragödien von Euripides«, 11. Jhdt, Miniatur (aus einer Handschrift der »Kynegetika«). Venedig, Biblioteca Marciana, Ms. gr. 2, 479

Seite 173
... Eutychios: Die Maler haben ihre Fresken signiert, beispielsweise Michael auf dem Krummschwert des hl. Merkurios. Seinem Namen ist der Genitiv des Namens »Astrapas« beigefügt. Das kann entweder heißen: »Michael, Sohn des Astrapas« oder (da auch »Michael« von dem voranstehenden »Von der Hand des« abhängig ist) bedeuten, daß »Astrapas« ein Beiname oder der Familienname Michaels war. In anderen von diesem Team ausgemalten Kirchen finden sich ähnliche Signaturen, darunter einmal auch »Astrapas« allein in einer langen Stiftungsinschrift; das läßt darauf schließen, daß dies Michaels Familienname war.

... aus: Vgl. H. Hallensleben »Die Malerschule des Königs Milutin«, Gießen 1963.

Seite 177
Dieses Amt hatte bis 1380 Kaiser Johannes' VI. Sohn Manuel Kantakuzenos inne, dann sein Bruder Matthaios, seit 1394 Theodoros I. Palaiologos, seit 1407 sein Neffe Theodoros II., seit 1443 dessen Bruder Konstantinos (der 1448 der letzte byzantinische Kaiser wurde), 1448–60 sein Bruder Demetrios Palaiologos, der 1460 die Stadt dem Sultan übergab.

Seite 178
Mistra entstand 1249 mit der Gründung seiner Festung durch Geoffroi de Villehardouin, den Fürsten von Achaia; sie mußte 1263 an Michael VIII. Palaiologos ausgeliefert werden. Damals zogen sich die Bewohner von Lakedaimon (dem alten Sparta) auf die Hänge unter der Festung zurück, wodurch die Stadt entstand und den Namen der Festung an sich zog. Die Stadt wurde 1770 von Albanern zerstört. Nur das Pantanassa-Kloster wird noch von einigen Nonnen bewohnt.

Seite 181
Das Büchlein enthält ein längeres Widmungsgedicht; seine Miniaturen zeigen die zwölf großen Kirchenfeste, die Tagesbilder für das Kirchenjahr und einen Zyklus aus dem Leben des hl. Demetrios, des Namenspatrons des Besitzers, der von 1322 bis etwa 1340 Despot in Thessalien war.

Seite 188
Vgl. K. Wessel »Byzantinische Plastik der palaiologischen Zeit« in »Byzantion« XXXVI 1966, S. 217 ff./ H. Belting »Zur Skulptur aus der Zeit um 1300 in Konstantinopel« in »Münchner Jahrbuch der Bildenden Kunst« XXIII 1972, S. 63 ff. Beide Aufsätze stellen Versuche dar, einige Leitlinien auf dem weiten und kaum beackerten Feld der spätbyzantinischen Plastik zu geben. Materialsammlung: A. Grabar »Sculptures byzantines du moyen âge: XIe–XIVe siècle«, Paris 1976. Für die späten Reliefikonen vgl. R. Lange »Die byzantinische Reliefikone«, Recklinghausen 1964.

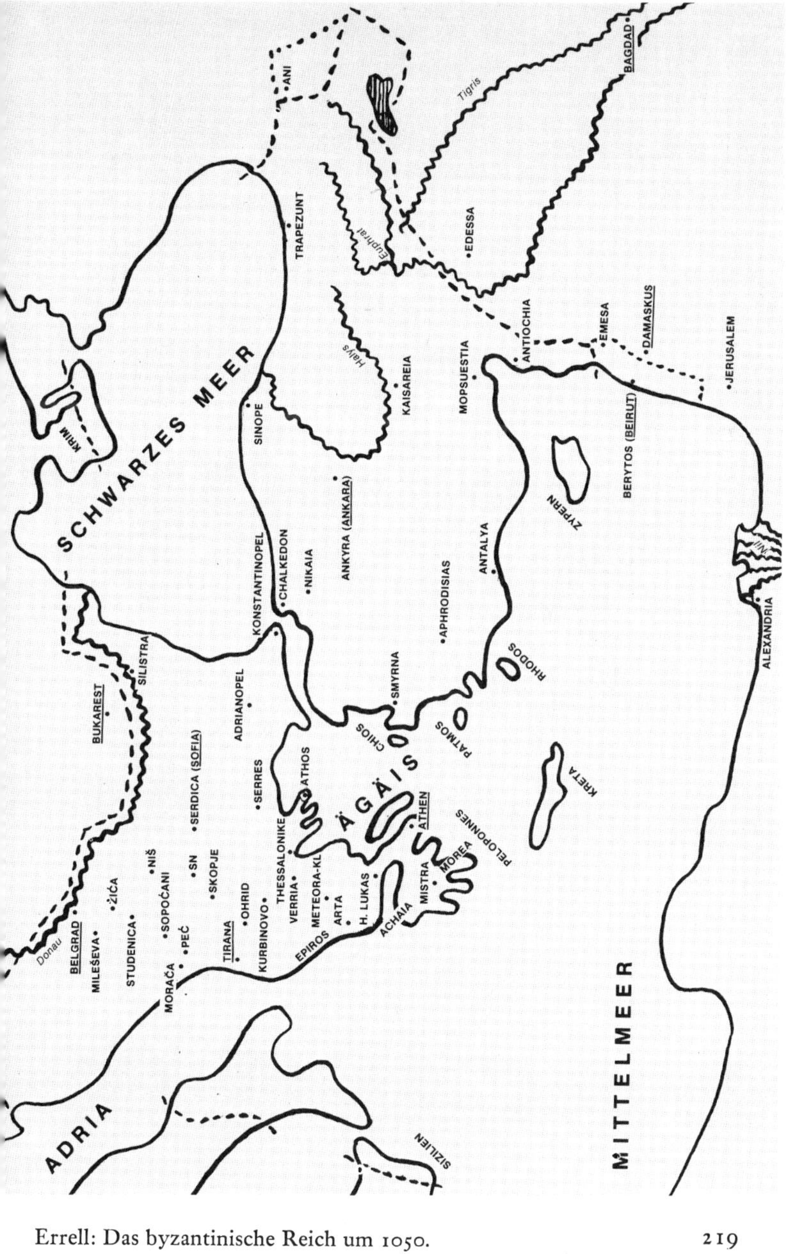

Errell: Das byzantinische Reich um 1050.

LITERATUR

Soweit nicht in den Anmerkungen erwähnt: S. M. Pelekanidis, P. C. Christou, C. Tsoumis & S. N. Kadas »The Treasures of Mount Athos. Illuminated Manuscripts«, Athen 1973 ff. – J. Beckwith »Early Christian and Byzantine Art«, Harmondsworth 1970. – H. Belting »Das illuminierte Buch in der spätbyzantinischen Gesellschaft«, Heidelberg 1970. – C. Delvoye »L'art byzantin«, Paris 1967. – V. N. Lazarev »Storia della pittura bizantina«, Turin 1967. – K. Weitzmann, M. Chatzidakis, M. Mijatev & S. Radojčić »Frühe Ikonen: Sinai, Griechenland, Bulgarien, Jugoslavien«, Wien 1965. – A. Grabar »Byzanz. Die byzantinische Kunst des Mittelalters: Vom 8. bis zum 15. Jahrhundert«, Baden-Baden 1964. – D. T. Rice »Byzantinische Kunst«, München 1964. – A. Grabar »Sculptures byzantines de Constantinople: IVe–Xe siècle«, Paris 1963. – W. Felicetti-Liebenfels »Geschichte der byzantinischen Ikonenmalerei«, Olten + Lausanne 1956. – A. Grabar »La peinture byzantine«, Genf 1953. – W. F. Volbach »Elfenbeinarbeiten der Spätantike und des frühen Mittelalters«, Mainz 1952^{2}. – O. Demus »Byzantine Mosaic Decoration«, London 1948. – E. Diez & O. Demus »Byzantine Mosaics in Greece: Hosios Lucas and Daphni«, Cambridge (Massachusetts) 1931. – A. Goldschmidt & K. Weitzmann »Die byzantinischen Elfenbeinskulpturen des X.–XIII. Jahrhunderts«, Berlin, I 1930 + II 1934.

DIE BYZANTINISCHEN KAISER + HERRSCHERINNEN

Konstantin I. (der Große)	324-337
Constantius	337-361
Julian	361-363
Jovian	363-364
Valens	364-378
Theodosius I.	379-395
Arcadius	395-408
Theodosius II.	408-450
Marcianus	450-457
Leon I.	457-474
Leon II.	474
Zenon	474-475
Basiliskos	475-476
Zenon (wiederum)	476-491
Anastasius I.	491-518
Justin I.	518-527
Justinian I.	527-565
Justin II.	565-578
Tiberios I. Konstantinos	578-582
Maurikios	582-602
Phokas	602-610
Herakleios	610-641
Konstantin III. + Heraklonas	641
Heraklonas	641
Konstans II.	641-668
Konstantin IV.	668-685
Justinian II.	685-695
Leontios	695-698
Tiberios II.	698-705
Justinian II. (wiederum)	705-711
Philippikos	711-713
Anastasios II.	713-715
Theodosios III.	715-717
Leon III.	717-741
Konstantin V.	741-775
Leon IV.	775-780
Konstantin VI.	780-797
Irene	797-802
Nikephoros I.	802-811
Staurakios	811
Michael I. Rhangabe	811-813
Leon V.	813-820
Michael II.	820-829
Theophilos	829-842
Michael III.	842-867
Basileios I.	867-886

Leon VI.	886-912
Alexander	912-913
Konstantin VII. +	913-959
Romanos I. Lakapenos	920-944
Romanos II.	959-963
Nikephoros II. Phokas	963-969
Johannes I. Tzimiskes	969-976
Basileios II.	976-1025
Konstantin VIII.	1025-1028
Romanos III. Argyros	1028-1034
Michael IV.	1034-1041
Michael V.	1041-1042
Zoë + Theodora	1042
Konstantin IX. Monomachos	1042-1055
Theodora (wiederum)	1055-1056
Michael VI.	1056-1057
Isaak I. Komnenos	1057-1059
Konstantin X. Dukas	1059-1067
Romanos IV. Diogenes	1068-1071
Michael VII. Dukas	1071-1078
Nikephoros III. Botaneiates	1078-1081
Alexios I. Komnenos	1081-1118
Johannes II. Komnenos	1118-1143
Manuel I. Komnenos	1143-1180
Alexios II. Komnenos	1180-1183
Andronikos I. Komnenos	1183-1185
Isaak II. Angelos	1185-1195
Alexios III. Angelos	1195-1203
Isaak II. (wiederum) + Alexios IV. Angeloi	1203-1204
Alexios V. Murtzuphlos	1204
Theodoros I. Laskaris	1204-1222
Johannes III. Dukas Vatatzes	1222-1254
Theodoros II. Laskaris	1254-1258
Johannes IV. Laskaris +	1258-1261
Michael VIII. Palaiologos	1259-1282
Andronikos II. Palaiologos	1282-1328
Andronikos III. Palaiologos	1328-1341
Johannes V. Palaiologos +	1341-1391
Johannes VI. Kantakuzenos +	1347-1354
Andronikos IV. Palaiologos +	1376-1379
Johannes VII. Palaiologos +	1390
Manuel II. Palaiologos	1391-1425
Johannes VIII. Palaiologos	1425-1448
Konstantin XI. Palaiologos	1449-1453

In dieser Liste fehlen Konstans I. (Vater Konstantins I.), weil er nicht im Ostreich herrschte, und Konstantin II. (reg. 337-40), der Kaiser über Gallien, Spanien und Britannien war. – Dem letzten Kaiser wird gelegentlich die Zahl XII beigegeben, wenn man den (hier nicht aufgeführten) kurztägigen Vorgänger Theodoros' I. bereits als Konstantin XI. (1204) bezeichnet.

»Ezechiels Vision vom Tal der Totengebeine«, 880/86 (aus den »Homilien« Gregors von Nazianz). Paris, Bibliothèque Nationale, Ms. gr. 510

REGISTER